U0580821

故事经济学
STORYNOMICS

[美] 罗伯特·麦基　　[美] 托马斯·格雷斯　著

陶曚　译

天津出版传媒集团

天津人民出版社

目录
CONTENTS

Part III：让故事行之有效
PUTTING STORY TO WORK

附录

献给米娅，

她的爱让世间一切有了意义。

——罗伯特·麦基

献给我的母亲安·琼斯·格雷斯

和我的父亲塞缪尔·菲利普，

他们让我对好故事充满热爱。

——托马斯·格雷斯

致谢 | Acknowledgments

我们想在此特别感谢米娅·金对《故事经济学》事业提供的启发和孜孜不倦的领导。若不是米娅让我们着手写作，我们大概仍在大纲阶段。

我们非常感谢通用电器的林达·波夫、万事达卡的拉贾·拉加曼纳、IBM的卡莱布·巴罗，美世的詹妮·穆伦、Overstock的纳塔利·马拉斯赞科、万豪的大卫·比比以及戴维斯品牌资本的帕特里克·戴维斯。他们慷慨地与我们分享他们的时间与智慧。

我们还要感谢特里西娅·特瓦林、吉纳维芙·科尔顿、亚当·瓦瑞克、鲁宾·桑切斯和达拉·科恩，他们为了使《故事经济学》事业取得成功而付出了许多心血。 感谢玛西亚·弗里德曼和汤姆·哈德加为我们编辑初稿，确保语言统一；感谢卡尔·罗森多夫、安·格雷斯、达瑞尔·格里、丹·巴蒂斯特、罗伯·默里、迦勒·贡萨尔维斯和肯特·劳森。感谢鲍勃·德考什、吉姆·罗斯梅斯和其Skyword、Boldt及其他企业的员工，他们阅读了本书的初稿，为我们提供了宝贵的反馈意见。

让我来大胆预测一下。当你在耄耋之年独坐沉思之际，你静静地对自己讲述着过往的人生故事，最私密的那个版本。而其中最紧凑充实也最有意义的描述，就是你做过的一系列选择。

最终，是选择造就了我们。

——杰夫·贝索斯

2010年普林斯顿毕业典礼演讲

引言：营销危机

Introduction: The Marketing Crisis

看看四周。已经发生了。越来越多的消费者砍断被广告封印的媒体荆棘网，消失在付费免广告的清静丛林中。不必去找他们了。他们走了，并且永远不会再回来。

再看看前方。用不了多久，一切大众传播和私人传播——无论娱乐、新闻、音乐、体育、社交媒体还是在线搜索——都会免去广告，公共汽车的车体广告成为仅存的宣传阵地。

千禧一代作为四十岁以下的重要市场，不仅正在把广告驱逐出他们的生活，还在讥讽这一机制本身。他们抨击广告的夸大其词和虚假承诺，认为广告歪曲事实、操纵人心，下一步就要入侵他们的个人生活。事实上，最近的一项研究揭示，过去五年内，四十岁以下受众的电视收视率下滑了30%，而像Netflix这样的免广告OTT视频服务却一飞冲天。[1]

大量消费者流失导致广告收入下滑，令诸多传媒帝国摇摇欲坠，进入破产边缘。其中包括论坛媒体集团（Tribune Media）、21世纪媒体公司（21st Century Media）、SBC传媒（SBC Media）、相对论传媒（Relativity Media）、积云传媒（Cumulus Media）、下一刻传媒（Next Media）、堡垒广播（Citadel Broadcasting）、太阳时报（*the Sun-Times*）、边界集团（Borders）、大片公司（Blockbuster）、《读者文摘》（*Reader's Digest*）和许多市值数十亿美元的企业。[2]

2015年，奥多比公司（Adobe）的一项市场调查结果表明，市场营销人员中有76%的从业者认为市场营销在过去两年内的变化远远大于自电视诞生之后的数十年。许多首席营销官发誓他们再也不会依赖广告与消费者建立联系。其中一些人抱怨广告公司浪费他们的时间和金钱，只想在超级碗上哗众取宠，而不考虑营销是否有效。另一些人归咎于免费线上广告，认为企业付费投放的广告淹没在一片喧嚣中。还有一些人抱怨投资回报率的降低和成本的增加令广告费用太过高昂。当然，如果广告突然又夺回了过去几十年那么大规模的消费者，一切都将被原谅。

随着自吹自擂和夸大承诺的"推"式策略逐渐失去吸引力，越来越多的营销从业者转向行之有效的"拉"式故事策略。《哈佛商业评论》发表的数十篇文章肯定了他们的成果。故事的说服力同样适用于个人领导力和品牌战略。故事化信息传递背后的神经科学理论依据已经被不计其数的TED演讲所证实，而介绍如何将故事融入商业的应用指南也已经出版了成百上千，完全能够摆满巴恩斯·诺贝尔书店的一整面墙。

然而，在出版行业对此的热忱之外，企业董事会对故事的属性和用法的疑虑前所未有地加深了。

偶尔也有广告活动用神来之笔式的故事影响受众【例如通用电气

（GE）的"欧文怎么了"，苹果公司（Apple）的"误会"，及奥多比公司的"点一下，宝贝，点一下！"等广告活动】。[3]但总体上说，讲故事的方法在公司层面始终跌撞前行，充满困惑，与其说是营销工具，不如说是一种潮流。对于企业的市场部门如此，对于服务甲方的公关公司和广告公司同样如此。故事驱动商业的美梦尚未成真。我们将借由本书将这一梦境化为现实。

本书第一部分"市场革命"深入探讨问题所在。一旦揭示了危机源头，解决方法将不证自明。第一章"广告：成瘾的故事"首先提出问题："哪里出了差错？"随即追溯从富兰克林时期至今的广告兴衰历程。在"广告"一章之后，第二章"市场：欺诈的故事"将继续深挖营销逻辑的根基。

第二部分"故事创造"旨在提出解决方案，其后的四个章节分别探讨故事的核心元素、故事如何影响人的意识、如何驱动消费者行为以及如何以效果为目的进行创造。第三章"故事的演化"以人类思想起源开始，探索意识向故事化的演变。第四章"故事的定义"展示一切文化中构成故事的永恒普世法则。第五章"完整故事"深入研究故事的元素，帮助读者掌握其中奥妙。第六章"目的导向型故事"带领读者一步步了解构建理想营销故事的整个过程。

第三部分"让故事行之有效"将方案转化为行动。若想改变你的机构联结受众的方式，就必须将故事的拉动力量融入市场营销、品牌、广告和销售中。下面几章展示了如何将四种发声渠道故事化。第七章"故事和首席市场营销官"中，市场营销人员扮演讲故事的人这一角色，提出营销活动的构想，引导创意人员将观念一步步故事化。

第八章"故事化品牌策略"展示了如何利用故事扭转观众对企业的反感，赢得品牌亲和力。第九章"故事化广告"中提出，只有当广告故事能够吊起读者胃口并富有娱乐性时，打断受众的广告才能发挥最大效用。第十章"故事化需求与消费勘察"聚焦于如何用故事的形式思考及规划，从而引导市场营销战略，为企业带来长远的成功。第十一章"建立受众群体"阐述了品牌如何融入数字化生态系统，扩大受众范围，让他们讲述的故事产生更大影响力。第十二章"故事化销售"介绍了面对面讲述故事的多种方式，包括销售点和病毒传播，即口碑营销。第十三章"经济学"展示了市场营销人员如何评估故事价值，并与传统广告的效果进行对比。

结论部分"明天"前瞻性地预测即将来临的新科技变革，分析其对故事化营销的作用，并研究故事的影响力将如何发展。我们创造浸入式体验的能力将取得飞跃，但基本的故事形式不会改变。

彭博传媒集团首席执行官贾斯汀·史密斯曾言："所有商业最终会走上两条截然不同的道路：一类沉溺于传统，渴望回到更简单更盈利的过去，然而过去永远不会回来；另一类生机勃勃，拥抱革新，正在重新发现未来的商机。"

这本书正是写给你们的，革新者！在本书中，我们用"故事化"一词定义把数据转化为故事形式的动态过程，用"故事性"一词形容已经完成故事化的数据，用"故事经济学"来命名以故事为核心并驱动财务回报的商业行为。

数据和故事的不同之处在于：数据仅罗列出发生的事件，故事解释如何发生以及为何发生；数据用数量和频率解读事实，故事则解释事实背后的因果关系。故事摒除无关之事，专注于动态变化，随后将主体重新架构，将事件链接成一段时间内的一系列因果。

《故事经济学》将挖掘出商业世界隐藏的巨大潜力。而掌握了故事技巧的营销人员将革新未来，播种并收获永恒的馈赠。

Part I

市场革命
THE MARKETING REVOLUTION

如果品牌无法在连接消费者上创新，
那就意味着将市场拱手让给那些发现了市场奥秘的挑战者。

第一章 广告：成瘾的故事

Advertising, A Story of Addiction

正如万物之始，广告的开端也再简单不过。18世纪，刊载当地生活报道和政治新闻的周报在美洲殖民地四处开花，但很快就萎缩并消亡，原因有二：其一，出版需要得到王室授权许可，并明令禁止刊登讽刺政府的内容。一张嘲弄皇家总督的漫画或许会让买报纸的大众乐不可支，却会把漫画作者送上笞刑柱。其二，即便报纸发行商向政治低头，生存依旧不容乐观。因为纸张油墨成本高昂，报纸收入完全仰仗订阅费用，然而对大部分人而言，这类消费是超出承受能力的奢侈品。订阅量的不断萎缩令当时的许多报纸就此出局。

为了生存，出版商需要全新的商业模式。虽然没有人知道"广告"是什么，但每一艘刚靠岸的船上都载满了跃跃欲试的新移民。不管是制桶匠还是服装商，只要生意在本地一开张，自然都迫切地想要广而告之。于是报纸末页开始出现广告，从而为出版商带来至关重要的新收入来源。

有了广告收益，报纸得以降低订阅费用吸引读者，报纸销量因此增加。更广阔的受众面意味着更大的影响力，反过来令出版商有理由收取更高的广告费用，从而形成良性循环。当顾客蜂拥而至的时候，尝到甜头的商人带来更多广告。广告兴旺了报业，商业也令不断扩张的殖民地逐渐繁荣起来。没用多长时间，广告就彻底改变了出版行业和他们服务的企业，令二者结成稳定的依赖共生关系。

当代最成功的出版商本杰明·富兰克林将这一商业模型利用得出神入化。他的个人经历向企业领导者证明了印刷品营销的精髓所在。当他的出版物《宾夕法尼亚公报》左页塞满广告的时候，这份报纸很快在费城走红。富兰克林在这一商业成功的基础上顺势而为，一手打造了从南卡罗来纳州到康涅狄格州的跨殖民地报纸网络，并因此赢得"广告业先师"的美誉。[1]

正是在这一时期，商人意识到更显眼的广告意味着更大的影响力。然而报纸的标准做法是把大部分广告塞进报纸的边角旮旯，只有极少数会出现在文章前后。为此，商人们实验了不同版面大小、设计、字体和位置的广告信息，寻找影响读者的新途径。他们适时地发现，最有效的广告战略是打断读者，即将广告直接插入读者阅读的故事之间。这一技巧的核心是用新闻故事引起读者的兴趣，随后用品牌信息突然打断读者的思路，将品牌信息强行植入消费者的意识中。

一开始，出版商害怕得罪订阅者，拒绝采用这种广告手段。但他们更怕失去广告收入。很快，这种新的广告手段成了报业的新标准。读者若想读完整个故事，必须被迫浏览中间插入的广告。

现在回头看来，我们会发现这些19世纪的新闻人最初的直觉是准确的。消费者的阅读被干扰得越厉害，他们的整体体验就越差。可以说早在广告行业发展初期，无论新闻、小说、体育赛事，还是其他现场演出，这种对受众的干扰就已经存在于中断的内容和插播的广告之间了——观众只能忍耐。

到了19世纪末，铁路连接起城市，厂商的市场不再局限于当地货车的运输范围。商业急于抓住急剧扩张的市场，广告活动从本地扩大到本区，甚至到全国。"象牙牌"香皂是最早真正将全国广告落地的品牌之一，初次投放预算为11000美元。到1897年，尝到成功滋味的"象牙牌"将广告预算提高至30万美元，从而在鼎盛时期占据了20%左右的全国市场份额。其他知名品牌纷纷效仿。

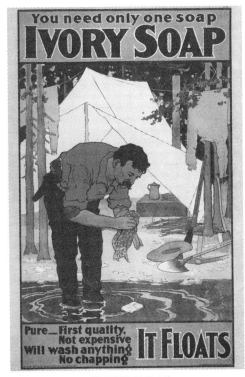

"象牙牌"香皂广告

报纸仅仅是个开端。20世纪之初，企业家、发明家古列尔莫·马可尼曾希望用他的专利权控制无线通信，并将付费订阅的盈利模式引入无线电广播。但1906年在柏林签署的一项国际条约中规定，禁止任何国家、公司或个人垄断无线电。早期广播公司别无选择，成为首个完全靠广告收入支撑的媒体。[2]

20世纪40年代，商业电视引入无线电广播的中间插播式广告手段，迅速占领了媒体消费领域。巅峰时期，美国三大广播电视网（ABC，NBC，CBS）在黄金时间段每晚有5000万观众收看节目。此后的60年间，电视广告是美国受众了解新产品的首要途径。

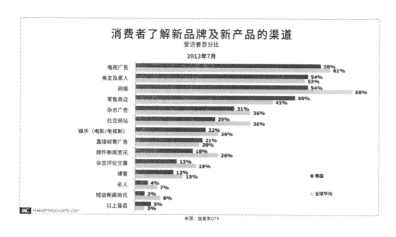

电视之所以在所有媒介中胜出，是因为其覆盖面广，是一种视觉丰富的信息媒介，并能够抓住受众的注意力。久而久之，市场营销人员在电视广告上投入的资金越来越多，对广告库存的需求不断增加。

有了企业的预算，传媒公司的胃口越来越大，广告瘾越来越强。为了攫取更多利润，他们在单位时间内塞进更多广告。20世纪50年代，在60分钟的收视时间内，广告占据的时间为4分钟；而到了70年代，这一数字翻了一番。但是80年代有线电视的发展和90年代初期互联网的发展分散了受众群体，节目的广告费率开始下降。靠广告利润支撑的有线电视台为了稳住收入，强行向规模不断缩小的受众群体推送更多广告。到2011年，有线电视几乎每3分钟中就有1分钟是广告。

消费者的抵制

到2006年，新科技的介入赋予消费者拒绝广告的能力。录像设备TiVo把它的"跳过30秒广告"功能作为核心卖点进行营销。有线电视供应商很快发布了视频点播（VOD）服务，订阅者可以比以前更方便地绕开广告。全美广告主协会（Association of National Advertisers）和福雷斯特市场研究公司（Forrester Research）发起的一项调查显示，市场营销人员对上述服务的看法悲观焦虑。在接受调查的广告客户中，有70%的人认为录像和视频点播服务会减少甚至摧毁传统30秒广告的效用。[3]

《广告时代》（*Advertising Age*）在2006年做出了这样的预测："不出三年，全美使用录像设备的家庭就会超过3000万。60%广告主声称届时会减少传统电视广告的投放，而其中更有24%的广告主将削减至少25%的电视投放预算。"

据《时代》（*Time*）杂志报道，从2009年至2013年，黄金时间30秒电视广告的平均费用下降了12.5%。广告收入的下降影响了靠广告维生的广播电视网，他们以单位广告更低的收费在节目中塞入更多广告。

2015年2月的《华尔街日报》（*Wall Street Journal*）报道称，有线电视网络正悄悄加快每小时节目中的动作，以便为广告争取更多时间。[4]《华尔街日报》引用一位电影公司高层管理者的话说："已经完全失去控制了，照这样做节目，演员的表演会受到严重伤害。"

为了继续攫取广告利润，传媒公司进行了新的实验，将内容转移到YouTube一类的服务平台上，这样他们就能够在短视频之前投放前贴片广告。[5]而在Hulu平台上，他们又退回到之前的老路，继续使用之前无线电视的那种让人厌烦的中间插播广告模式。不管哪种方法，至少市场营销人员能够确保观众看到了这些广告，因为他们的媒体合作方不支持快进跳过广告的功能。

然而这些功能是明码标价的。到了2013年，精准投放在线视频广告的成本已经超过了电视广告的成本。线上传播意味着更精准更有力的定向投放，YouTube的前贴片广告和Hulu的插播式广告都确保了收视率。[6]

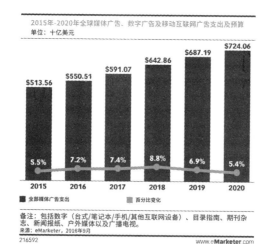

2015年-2020年全球媒体广告、数字广告及移动互联网广告支出及预算
单位：十亿美元

$513.56 / 2015 / 5.5%
$550.51 / 2016 / 7.2%
$591.07 / 2017 / 7.4%
$642.86 / 2018 / 8.8%
$687.19 / 2019 / 6.9%
$724.06 / 2020 / 5.4%

■ 全部媒体广告支出   ● 百分比变化

备注：包括数字（台式/笔记本/手机/其他互联网设备）、目录指南、期刊杂志、新闻报纸、户外媒体以及广播电视。
来源：eMarketer，2016年9月
216592   www.eMarketer.com

2016年，全球市场营销的广告预算高达6050亿美元，这一数字打破了历史纪录。预算继续向Facebook和YouTube倾斜，[7]数字化广告投放首度超过电视广告投放。虽然广告的增速放缓，但是广告总量预计仍会增长。2017年，无论新兴媒体公司还是传统媒体公司，都在继续为企业营销人员寻求新的广告方式来打扰消费者——受众依旧无法得到最佳体验。[8]

然而，重要的改变发生了。

消费者的反抗

虽然早期的互联网连接起了地球，速度足够让消费者加载和阅读文章，但是对于视频传输来说还是不够快。就连YouTube的短视频都需要长时间加载，否则会在播放中出现卡顿。

但到了2005年，美国家庭中宽带的普及率超过了拨号上网。更快的网速改变了游戏规则：消费者有了选择。

Netflix公司于1999年问世的时候是DVD租借服务商，竞争者是Blockbuster以及其他录影带租借店。[9]2007年，宽带的使用大规模普及之后，Netflix开始试水流媒体服务，消费者可以在笔记本电脑上观看Netflix影片库中提供的电影，当时Netflix影片库的规模还不大。一年后，Netflix将媒介扩大至游戏主机和机顶盒，消费者可以在客厅电视上观看Netflix节目。

Netflix的早期消费者热爱完全无广告的即时接入服务，他们可以直接观看喜欢的电影，不久后连电视剧也能看到了，并且不会被任何广告打断。他们乐于以每月大约10美元的订阅费换取无限时观看。Netflix将用户订阅的收入投入于扩充影片库，从传统传媒公司购买影视版权，稳定地增加影视节目。

订阅用户开始飞速增长。2016年第四季度，Netflix的付费用户超过9380万，削弱了广播和有线电视的影响力。[10]公司加速扩张，全球范围内每月新增用户高达200万。

逐步增长的订阅收入为Netflix提供了有力的竞争武器。为了在付费用户基础上进一步扩张，Netflix借鉴了HBO的做法，投资原创节目。Netflix的剧集如《纸牌屋》（House of Cards）、《女子监狱》（Orange Is the New Black）收获了一众狂热粉丝，Netflix的口碑就这样在线上线下一起广泛传播。2016年1月，《华尔街日报》报道称，"Netflix今年在内容方面的预算为50亿美元，意在以出价战胜当地电视网或其他流媒体服务商。"[11]

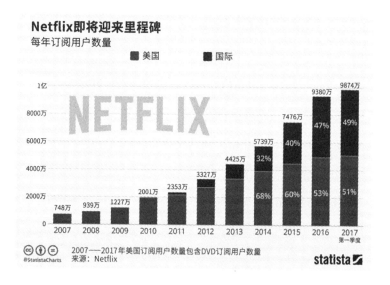

Netflix即将迎来里程碑
每年订阅用户数量

■ 美国　■ 国际

2007—2017年美国订阅用户数量包含DVD订阅用户数量
来源：Netflix

@StatistaCharts

statista

事后看来，原理似乎很简单。Netflix回归早期新闻报纸的订阅模式，但是并没有在广告的诱惑面前屈服。Netflix没有将公司的财务利益推至消费者需求的对立面，而是成功地使二者达到均衡。企业致力于为用户提供最佳娱乐体验，而这意味着不要用广告打扰用户。

消费者的回应是在Netflix上投入越来越多的观看时间。2017年2月，CNBC报告称Netflix的观众每天累计收看的电视节目时长高达1.16亿小时，完全零广告植入。[12]然而从市场营销人员的角度看，每天有1.16亿个小时，消费者跟随Netflix消失在茫茫黑暗中。

Netflix给整个行业带来新灵感。2015年，HBO上线了OTT[13]服务——HBO NOW和HBO GO，仅《权力的游戏》（Game of Thrones）一剧就吸引了超过2500万观众收看。[14]继前一年增加2000万付费用户之后，2017年3月，Spotify的增强版免广告音乐服务吸引了5000万付费订阅用户。[15]苹果公司的免广告音乐服务在运营的头两年就已经吸引了2700万订阅用户，每月新增用户超过100万。[16]YouTube也在2015年9月引入了免广告服务的选项。

就连Netflix的竞争对手Hulu也重见光明。Hulu紧跟Netflix脚步，在Netflix之后一年推出了流媒体服务。Hulu是21世纪福克斯、环球影业、华特迪士尼公司的合资企业，但与Netflix不同的是，Hulu的创立旨在将传统电视网的广告模式复制到互联网。Hulu在节目前后都有贴片广告，订阅费低于Netflix。

到了2015年6月，市场反应已经证明了一切。Hulu的用户数量为900万，只有Netflix同期的14%。Hulu发表声明称其正在评估几个公司的收购意向。

三个月后，Hulu做出让步，上线免广告服务，用户每月只需多付2美元。Hulu还向流失的订户发出致谢函，感谢他们为Hulu指明方向，并邀请他们重新回归Hulu，体验全新的免广告服务。

Thomas,
On 07/03/14, you did something for which we'll be forever grateful - You canceled your Hulu subscription.

Hulu上线免广告服务界面

CBS也得到了同样的教训。2014年11月，CBS上线了带中插广告的OTT付费订阅"全通道"（All Access）服务。2016年8月，CBS在消费者需求面前妥协，开始提供免广告版本，每月只需要额外4美元费用。

（17）

低潮期：传统媒体的衰退

1996年1月22日，《纽约时报》网络版上线，全球各地的读者能够在新闻出版当晚在网上读到新闻。 由于消费者转向互联网，从1990年到2015年，全美报纸发行量减少了37%，其中最剧烈的一次下滑发生在2005年。[18]

2006年，市场营销人员察觉到了这一趋势。之后四年，企业投放于新闻媒体的广告支出被砍掉一半，并且逐年递减。新闻行业不得不削减成本，牺牲掉许多深受订阅者喜爱的内容。

1985年-2016年全美日报付费发行量

来源：
编辑与出版；AAM；皮尤研究中心
© Statista 2017

更多信息：
美国；编辑与出版；AAM；皮尤研究中心
1985年至2016年

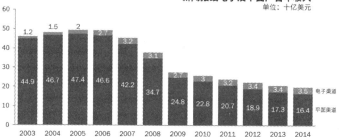

新闻报纸电子及平面广告年收入
单位：十亿美元

来源：美国报业协会（2003-2014年数据）BIA/Kelsey（2014年数据）

慢网速暂时保护了广播电视公司。消费者想收看时长较长的节目时，仍会投入广播电视的怀抱。但是如今，Netflix现象已经对电视行业造成了重创。传统电视广告的收视率从2010年开始急剧下滑。[19]

市场营销人员渐渐接受了电视的受众面缩小这一事实，于是电视广告走上了报纸的老路。[20] 2007年，广告在纸媒渠道的支出陡降；2015年，这一趋势波及广播电视行业。[21]

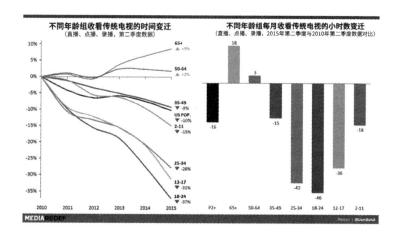

广告盲区和广告屏蔽

出人意料的是，消费者对广告的反感并不局限于在线视频和音乐服务。自2008年开始，市场营销人员开始追踪一种叫做"广告盲区"的现象，即消费者在浏览网页的时候会自动忽视广告。眼动追踪研究使用科技手段监控用户浏览网页时实际在看的部分，率先识别出这一现象。[22]

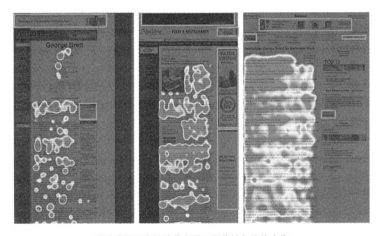

眼动追踪研究给消费者展示那些被忽略的广告

信息联盟（Infolinks）发起的一项研究显示，"要求用户回忆上一个看到的显示广告时，只有14%的用户能够说出公司、品牌或产品名称，从而表明品牌投入百万美元费用制作的广告并没有给消费者留下任何印象。"[23]

2015年9月，PageFair和奥多比公司宣称全球有1.98亿人在台式电脑上使用广告屏蔽软件。研究表明，广告屏蔽软件的使用率仍在以每年

41%的速度增长。一个月后，苹果公司发布IOS系统升级，在苹果手机上支持广告屏蔽。这项研究预估2016年全球将有价值414亿美元的广告投放被消费者屏蔽。用户对广告干扰和情感操纵的反抗由此开辟了一片新战场。

中插广告快速衰退造成的危机首先打击了媒体公司。当消费者无视广告、屏蔽广告甚至付费避免广告干扰的时候，品牌开始削减广告预算。广告收入的锐减颠覆了媒体的商业模式。

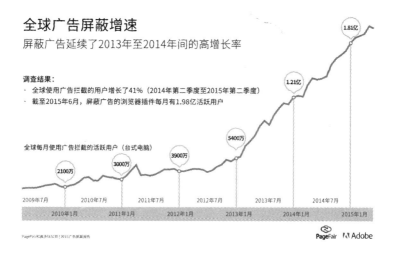

危机的第二阶段几乎重创了所有行业的商业品牌。市场营销者依赖广告作为连通消费者的首要手段，却发现突然无法将信息传递给消费者。品牌光环渐暗，而首席市场官们却仍未察觉。

市场营销危机

　　三个世纪以来，大部分企业都采取同一个途径去接触、获取并留住消费者——广告。这个途径简单一致。市场营销人员识别出最受用户欢迎的新闻和娱乐故事，然后当用户阅读这些故事的时候，用描述产品和服务的广告打断他们。企业通过大规模地向用户重复展示这些广告来建立品牌认知度。如果他们创造的广告能够在情感上和用户建立联系，品牌认知度就会转化为品牌亲和度。

　　当今的广告危机也创造了史无前例的营销危机。从本杰明·富兰克林涉足报业的时代开始，广告就经过了实践的检验，被公认为能够影响受众的有效方法。而当消费者屏蔽、忽视并付费避免广告的时候，市场营销人员必须抢先找到连接消费者的新方法。如果品牌无法在连接消费者上创新，那就意味着将市场拱手让给那些发现了市场奥秘的挑战者。

第二章 市场：欺诈的故事

Marketing, A Story of Deception

消费者不仅反感观看体验被中途打断，更厌恶受人摆布。

早期的广告时代，传播依靠人们口口相传，信息的流通非常缓慢。"万能药"的奸商极尽夸张之能事也没人追究，直到顾客因为他们的灵药生病，把他们赶出镇子为止。

电报和电话的普及推动产品口碑在全美范围内流传，假冒伪劣产品渐渐让位于可靠商品，然而虚假承诺演变成自吹自擂，至今仍然在当代广告中随处可见。只是今天的"万能药"承诺的是更白的牙齿、更细的腰围和更少的皱纹，还有"实验室研究表明……"来给他们撑腰。总而言之，现在的市场营销相较以前变得诚恳了一些，但是并不足以让消费者照单全收。

在全球信息快速流动的今天，夸大其词而效果却不尽人意的宣传会适得其反。消费者会将实际使用体验和营销承诺做比较。如果二者并不一致，他们就会在产品评论区、推特（Twitter）和Facebook上公开用严厉措辞嘲讽那些戏弄他们的品牌。市场营销人员数十年来的虚假承诺导致了消费者对广告的不信任。

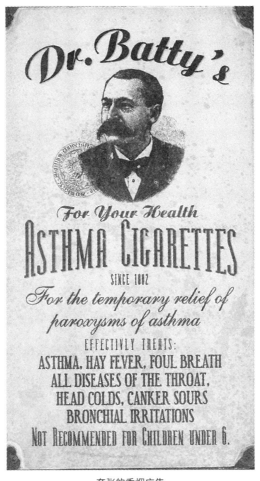

夸张的香烟广告

这可不是我说的。comScore/ARSgroup从20世纪60年代开始观测广告对"分享率"[1]的影响,以此衡量广告效果。它的研究表明,广告的效力总体上正在迅速衰退,对千禧一代几乎毫无作用。

营销欺诈的两种类型

由古至今，营销人员促进销售的虚假宣传手段有两种，一种理性，一种感性。这一章将分析这两种不同手段如何在过去取得成功，以及为何不适用于当今市场。

1.理性传播

传统营销理论有一个前提条件：人是理性决策者，面对重要选择时，人们会收集相关信息、权衡利弊，选择最优方案。因此，想要说服消费者，应当真实、科学、有逻辑地进行传播。

然而这只是理论。在现实生活中，广告把修辞当作逻辑。修辞是科学的拙劣模仿。虽然二者同样罗列论点，导出结论，但不同之处在于，科学衡量定理正反两方的所有论点，而修辞只展示支持自身结论的论点，忽视或否定站在对立面的论点。换句话说，科学追求真理，而修辞只追求胜利。营销的本质是充斥着修辞辩论的公共论坛，在这一平台上，品牌试图说服消费者某个产品的性能胜过另一种产品。

"象牙牌"的经典营销案例将这一方法利用到了极致。宝洁公司（Procter & Gamble）推出了一款能漂在水面而不沉底的洗衣皂。市场营销人员在广告中这样诠释自家产品的优点：用了这款产品，顾客再也不用在浑浊的洗衣桶底下找肥皂了，既节省时间，又不影响心情。可能其他肥皂清洁力更强（毕竟这才是肥皂的主要用途），但是"象牙牌"自然对这一点避而不谈。

你还记得最初是在哪儿学的修辞说服理论吗？还有如何使用演绎

推理和归纳推理进行论证？是初中写论文的时候。记不记得七年级时学过的三段论？

> 所有国王都很高。
>
> 他是国王。
>
> 所以他很高。

而"象牙牌"的诡辩是这样的：

> 最好的肥皂能漂起来。
>
> 我们的肥皂能漂起来。
>
> 所以我们的肥皂是最好的。

举例而言：B2B的市场营销人员通常会主动做一份产品性能表，列出自家产品与竞争对手的性能差异，供客户比较。一个永恒不变的规律是，在这份表格中，自家产品每一项都表现卓越，而竞争对手的产品性能则一片空白。真是让人目瞪口呆。

如果收到这份产品性能表的潜在购买者懂行，那么他一定知道两件事：（1）企业筛选出了有利于自家产品的细项；（2）竞争者占优势的那些细项根本就没有出现在表格中。

由于市场营销对修辞论点的滥用，消费者对产品和服务的负面情绪和不信任比以往更甚。

这不是说人们怀疑一切事实。人们怀疑的只是那些为了促进销售而经过筛选的部分事实。这种怀疑会直接影响他们对在售商品的购买意愿。

丹·艾瑞里教授在杜克大学富科商学院研究心理学与行为经济学，同时也是高级后知中心主任。[2] 在一项针对音响潜在购买者的实验中，艾瑞里教授比较了两组音响发烧友对同一套音响系统的不同反馈，证实了消费者对营销的怀疑。这两组实验参与者阅读了同一份评测报告，其中一组受试者被告知这份评测是制造商提供的，另一组被告知评测源自《消费者报告》。艾瑞里教授这样写道：

> 参加实验的人员先听了半个小时巴赫的作品，随后对音响系统进行评测。低音是否强劲有力？高音是否清晰明亮？音响是否简单易操作？声音是否失真？最后一个问题是，他们愿意花多少钱购买这套音响设备？

结果是，认为自己阅读的是《消费者报告》提供的客观信息的受试者对这套音响好感度更高，平均愿意消费407美元购买这套系统；而认为自己阅读的是制造商手册的受试者只愿意花费平均282美元。对营销修辞的不信任已经深植于消费者内心，扭曲了我们对产品的认知，甚至会让我们怀疑自己的第一手体验。[3]

如果修辞的归纳逻辑并不能使营销效果最大化，为什么它对商业依旧有这么大的吸引力呢？

首先，教育结果使然。我们接受的教育是在论文的开篇提出自己的论点："我要证明下述论点"，然后逐一提出论据，最后写下结论：

"结论是……"现在我们将同样的格式用于工作当中。用PPT做报告其实就是加了电脑特效的初中论文罢了。

其次，科学威名使然。商业领导者意图用科学的方法做规划和决策，追求精确性和可预测性。他们的出发点是好的，但实际上，商业不是科学。尽管有庞大数据做支撑，但是营销决策不仅需要战略，也同样需要直觉。核心问题始终没有改变：如何吸引并保持受众的注意力，并转化为购买力。一言以蔽之，市场营销的目的是打动消费者，而不是打扰消费者。

2.感性传播

> 没有什么比对人性的洞察更有力量。驱使人们的是怎样的冲动？主宰人类行为的是怎样的本能？虽然人们常常用语言掩饰真正的动机，但对人性的洞察才是让创意理念产生效用的核心。
>
> ——比尔·伯恩巴克

第二次世界大战之后，乐观主义感染了整个美国。新产品层出不穷，电视收视率一飞冲天，电视广告迅速成为对消费者最有影响力的传播途径。但当电波中塞入了越来越多的广告，针锋相对的声音模糊了消费者的辨别能力——到底哪种牙膏的美白效果最好呢？

比尔·伯恩巴克和他的合伙人开创了一种全新的连接消费者的方式，使恒美广告（Doyle Dane Bernbach）的业绩逐步兴盛起来。恒美广告说服客户跳出鼓吹产品特性的常规手法，扭转思路进行新的尝试。他们瞄准消费者潜意识里的欲望和需求，进行强有力的情绪感染，对由此引发的伦理问题视而不见。

根据一部传记中提到的，伯恩巴克曾经对客户说："……关键不在于广告的艺术，而在于说服的艺术。要想说服消费者，广告人需要触动人们永恒不变的基本天性——他们'执着地追求生存，追求被欣赏，追求成功，追求爱，追求自立'。"[4]

实现情感操控的第一步是认识到主要情感只有两个——愉悦和痛苦。[5]然而两者都有多种形态。愉悦包括幸福、安宁、爱与欢乐等意义深刻的正面感受，以及美、舒适等感官愉悦。痛苦包括悲伤、忧虑、害怕、恐惧、孤独等刻骨铭心的负面感受，也包括从牙痛到偏头痛等生理上的痛楚。本章聚焦于生理层面的感受，在第六章，我们将进一步了解故事化营销如何打动消费者的深层情感。

在感官层面，事物或者让你感觉良好，或者让你感觉受伤。一道前菜可能会点亮你的味蕾，也可能让你大倒胃口。但如果体验只关乎感官，为什么我们在欣赏艺术珍品的时候得到的愉悦感远胜于观看复制品？[6]如果感官知觉是相同的，为什么我们在梵·高的《星夜》面前感受到的狂喜与战栗远远要比审视仿制品深刻得多？

耶鲁大学心理与行为科学教授保罗·布鲁姆在著作《愉悦的原理》一书中这样解释："重要的并不是世界呈现在我们感官面前的样子。确切地说，我们从某个事物中得到的愉悦（或痛苦）源自我们自身对事物的认知。"[7]布鲁姆认为人类是本质主义者。我们对事物的反应受制于我们所相信的事物的本质，以及事物的本来面目。[8]

2008年，加州理工学院的研究人员研究了红酒价格与人们获得的愉悦感之间的关系。研究人员将标价分别为10美元、35美元、45美元、90美元的红酒提供给受试者，要求受试者先比较35美元与45美元的红酒，再比较10美元与90美元的红酒。两种情况下，受试者都汇报说更贵的红酒口味更好，并且10美元和90美元的红酒之间的愉悦感差异更显著。

然而事实上，标价10美元和标价90美元的酒瓶中装的是一模一样的红酒。

在此之前，研究者们已经发现了在人类的认知中，高价等同于高质，但当时这个结论被认为是势利使然，并未被重视。加州理工学院在上述实验中使用机能性磁共振成像设备观察受试者的大脑活动。成像揭示出，当受试者品尝他们认为更贵重的红酒时，大脑与愉悦感有关的区域亮了。[9]这并不是势利——他们真实地感受到了更大的愉悦感。

这一结论同样适用于生理上的痛苦。哈佛大学的库尔特·格雷和丹尼尔·瓦格纳对受试者进行电击实验。这项研究将48个受试者配对，每对受试者分别进入两个房间，他们可以选择给对方播放一个声音，或者操作一次电击。

格雷和瓦格纳将受试者分为两组。第一组受试者被告知他们的搭档选择了电击，过一会儿他们就会被电一下。第二组受试者被告知对方选择了播放声音，但也意外地遭受了一次电击。两组都使用了同等电压。

实验结果表明，一开始就知道会被电击的受试者感受到的痛苦更强烈，他们的痛苦贯穿了整个实验期间。而认为电击是意外的受试者痛感较小，恢复得也更快。[10]

无论愉悦还是痛苦，人们的认知而不是生理感受决定了体验的强度。由于愉悦和痛苦都是强烈的驱动力，在广告中创造这样的体验注定会成为有力的营销工具。

不幸的是，对人性的洞察演变成了诱惑和胁迫的手段。前者以愉悦体验为诱饵，怂恿人们采取行动，而后者以痛苦作为威胁，逼迫人们采取行动。

想想下面这则广告。当你看这则广告的时候，味道真的重要吗？吸引人们的是性的诱惑力。

百威啤酒广告

恐惧同样能产生作用。政治广告利用人们对恐怖袭击、失业、失去健康保险和没有收入来源的恐惧，住宅安保公司用窃贼撬开窗户的图像威胁人们，科技公司把黑客、病毒和电子数据盗窃的威胁转化为销量。[11]

住宅安保公司的广告页面

自从比尔·伯恩巴克在"广告狂人"革命中大获成功的时刻开始，针对情感的手段就已经奏效了。那为什么不延续这种传统呢？

为什么？因为今天来看，这些手段不仅已经失灵，而且对人们是一种冒犯。[12]如今手握预算的是深谙媒体的消费者。经过成千上万的广告洗礼，在屏幕上出现商标之前，消费者就已经嗅出了诱惑和胁迫的气息。这就是为什么千禧一代有三分之二会使用屏蔽广告的软件，把那些操纵者屏蔽在他们生活之外。[13]

那还有什么选择呢？情感操纵会激怒人们，修辞说服被当作胡说八道，那还能怎样和消费者建立联系？究竟如何拯救这场营销危机？

故事

> 故事是生活的必备品。
>
> ——肯尼斯·伯克

我们提出这个解决方案有悠久的历史，是最适合人类思维的沟通方法，并且能够以最有效的方式将人与人的思想紧密相连。它将逻辑清晰的信息包裹于情感之中，并用强大的附着力进行传播，这就是：故事。

精彩的故事能够吸引听众注意力，吊起胃口，最终产生意义深远的情感体验。故事能够唤起情感，是因为故事中的人物让我们感同身受；而意义深远则是因为主角的行为使我们洞悉人性。

"故事"这个词本身常常令市场营销人员感到困惑。比如有些人会混淆"内容"和"故事"两个词的使用。我们很快就会发现，这就像是把一桶颜料和挂在墙上的艺术杰作混为一谈。

很多人以为读了一辈子故事，听了一辈子故事，就能轻易写出好故事。这就像是去过几次音乐会，就自以为也能作曲一样。

一听到"故事"这个词，许多人会联想到睡觉前给孩子讲的童话，或是在酒吧喝酒时聊的奇闻逸事。这些确实是故事，目的单纯是为了娱乐。而另一方面，伟大的故事有力量改变人们对现实的认知。故事化的真理建立了数亿人追随的文明和信仰。《汤姆叔叔的小屋》这样的小说引发了政治运动，为战争埋下伏笔。电视剧如《全家福》《威尔和格蕾丝》抵制偏见，并为同性恋社群的公正铺平道路。

正如我们在本书第三部分将要展开说明的那样，在故事化营销的助益下，有创新精神的品牌将有机会用故事改变消费者看待世界的角度，如果他们做到了，就能够不费吹灰之力地在竞争中取得胜利。

简而言之，故事是终极"信息技术"。顾名思义，讲故事需要"信息"，即对人性、人性与社会现实、人性与真实世界之间的关系进行广阔而深入的了解。精彩的故事同样需要"技术"，巧妙的讲述源自对故事内在技术的掌握，其中包括行为/反馈机制、不断变化的价值负荷、角色、冲突、转折点、情感动态等等。手艺是故事这门艺术的基础。

下一章我们将会更深入地了解到，故事结构是人与生俱来就掌握的本能。那我们为什么还要学习故事的手艺呢？孩童从小就能画出人物线条轮廓，讲故事和绘画一样，难道不是人们天生具备的能力吗？是的，讲故事和绘画都是人与生俱来的本领，但是若想取得成就，作家和画家都要超越直觉，重新试验并掌握他们的手艺。

例如，文艺复兴时期的艺术家想要进一步完善写实主义，历经几个世纪的摸索，终于发现了透视的原理。从那以后，透视技巧成为艺术院校的必修课。年轻的画家若想独自发现透视的奥秘，要摸索一生才能掌握这些在专业学校一堂课就能够学会的内容，大多数人甚至究其一生都无法发现。

同理，形式让故事成型，手艺让叙述栩栩如生。学习故事技巧就能够掌握如何吊起观众胃口、抓住他们的吸引力并满足他们。最好的电影、戏剧和小说都是这样做的。精炼故事技巧，就能够在品牌和用户之间建立起忠诚的纽带。当你最终像苹果、红牛、多芬、通用电气这些品牌一样掌握了故事化营销的精髓之后，你的品牌也会像他们一样，引起全球消费者的共鸣。

Part II

故事创造
STORY CREATION

故事天生具有吸引并抓住受众注意的独特能力。

故事化沟通是传递信息最有力的形式，因为故事最适合人类心智；
之所以故事最适合人类心智，是因为最早的人类将现实转化成故事来理解。

第三章 故事的演化

The Evolution of Story

　　所有商业战略的目标都是为了打动人心。在进化的演变下，人类心智这一生物引擎得以不断创造并消费故事。故事化传播不仅是一种新颖的销售技巧，更是抓住消费者注意力、吸引他们并回报他们的关键所在。正如研究一再证实的，如果市场营销将想要传递的信息故事化，消费者一定会听得进去。在这个注意力如此分散的时代，吸引并且保持关注度的能力，是市场营销人员唯一的优势，也是最有价值的资产。[1]

　　故事天生具有吸引并抓住受众注意的独特能力。为了进一步说明这一点，本章将追溯故事自诞生之初的演变，随后把对人类的科学解读[2]融入一出三幕剧，形成跨越数十万年的传奇故事。这个冒险故事以意识的诞生为始，在意识为了生存奋力抗争的过程中而逐步加强，最终当人类形成故事化的思考方式时达到高潮。

第一幕：人类最初的思想

数十亿生物的神经系统在漫长的亿万年间进化得越来越复杂。直到两三百万年前，剧烈的行星变动迫使人类祖先的中央神经系统以每三千年一毫升的平均速度，发展出更多脑灰质和脑白质。[3]

脑门后面是大脑的前额皮质最前端的部分，即布罗德曼10区。在人类进化的漫长历史上，这一区域的六个皮质层的体积和网状尺寸急剧扩张，促使颅骨也相应地变高变宽。随着时间流逝，经过一次次突变，人类祖先的大脑有一升之丰富，体积膨胀，结构复杂，上千亿个细胞紧密连接。大脑在神经强度紧绷至极限的时候迸发出第一个想法："我是"。

对"我"这个概念无声的觉醒令大脑从此成为思想，令动物从此成为人。动物对周围的客体进行反馈，然而人类的大脑却能够将自身作为客体进行审视。实际上，意识将自身一分为二。[4]

自我意识犹如一场小型精神分裂。想想看，当你审视内在的自我，产生这样的念头——"你这个傻瓜！"的时候，是谁在对谁生气？当你为自己感到高兴的时候，是谁在慰藉谁？当你和自己对话的时候，是谁在倾听？这些内心的交流究竟是怎样产生的？

它的原理类似这样：在你活跃的思维背后，在你内心中至关重要的位置，存在着另一个意识，观察着你的每个想法和行为。这个意识，或者说是核心自我，是你大脑真正的主人。假如透过内在的棱镜观察，主观自我分裂出另一个自己，注视着分身在世界上的每一个思想、选择和动作。核心自我审视外在自我，有时赞同，有时否定，寻求改变思想和行为的机会。

核心自我对自身的观察听上去或许古怪，但它是自然而然并且持久永恒的。今夜，当你进入梦乡之后，你就会成为一个能够感知到自我的观众，看着自己在梦中表演，宛如奇妙的非现实电影中的演员。

醒醒吧，其实你现在就在这样做！如果问自己"我是谁？"一种"我"的知觉就会从你的存在根源中浮现。这种"我，自身的拥有者"的认知在意识的前景中盘旋，观察着你活动的思想，看着你阅读这本书，记录你的反应。不必费心四处寻找了，你无法看到内在的自我，但是你知道"我"无处不在，时刻觉察，时刻注视。[5]

自我意识侵入最初的人类思想之后，带来的是一种突如其来的强烈孤绝感。自我意识的代价是意识到生命的孤独本质，与其他一切生命的距离，甚至是与一切人类同类的距离。在最初的"我是"时刻，人类的思想不仅感到孤独，更感到恐惧。因为伴随自我意识而来的，还有一个更骇人的发现：时间。这是人类独一无二的发现。最初的人类突然间发现自己孤身一人，在时间的长河上无依无靠地飘荡。

第二幕：人类的第二次觉醒

在"我是"的觉醒之后，人类迎来了第二次觉醒："……总有一天，我在时间长河中拥有的时间会结束。"自我意识诞生之后不久，时间意识涌入思想，恐惧随之而来。当人类不知道接下来会发生什么的时候，会产生一种名为"害怕"的情绪；而当我们知道会发生什么，却无力阻止的时候，"恐惧"会攫住我们。有一种恐惧是确凿无疑的："总有一天，我们拥有的时间会像一只未上弦的手表一样停下来。"

在产生自我意识之前，人类上新世的祖先和其他动物一样，享受着实实在在的"永恒当下"带来的舒适感。但当"我"的概念把自我从原始直觉中分离出来，人类的视野延伸到痛苦的未来，击穿了刚刚萌生的心智。[6]雪上加霜的是，人类意识到不仅未来充满不可知，事物的表象同样不可信任——世间无一物是看上去那样。

我们看到的、听到的，人们说的、做的，都是事物看上去的样子，是感知的虚饰。然而事物的真实面目隐藏在表象之下。真实指的不是发生了什么，而是如何发生，为何发生。无论科学还是宗教都无法解释生命中那些看不见摸不着的因果。突如其来的自我觉醒在混沌、谜团与无意义引发的困惑中动荡不安。生命如此短暂，短暂得几乎不值得。人类必须找到路径，为存在赋予意义。[7]

第三幕：故事的思维方式

正是在这个时刻，故事成了人类的救命稻草。物竞天择将讲故事的心理机制通过基因植入我们的DNA中。如戴维·巴斯所述，讲故事是"……进化的心理机制。生物体的一系列机制被设计用来选取信息，通过决策原则将其转化并重新输出。历史证明，这种机制为相匹配的问题提供了解决方案。任何心理机制之所以能够存在于现今的有机体中，都是因为它曾经成功地为这一有机体的祖先解决过某个特定的自适性问题"。[8]而对于人类而言，这个问题就是死亡带来的混沌与恐惧。

人类心智的故事化机制是这样运行的：每天，我们的身体会吸收成千上万的原始感官刺激，在意识深层的某处，思维利用判定原则把海量信息分为相关与不相关两类，忽略其中99%的信息，集中在那1%引起注意的信息上。

那么怎样的信息能够引起关注呢？改变。只要条件恒定不变，我们会照常经营人生，但一旦遭遇改变，我们就会为突如其来的威胁或者好运讶异不已。无论是好是坏，我们都会做出反应。潜意识的生存机制开始运转，其中最主要的就是制造故事。核心自我几乎立刻本能地调动思维，将眼前的事件进行故事化。

大脑布罗德曼10区的故事化肌肉开始活动。在这里，过去涌向未来。思维回忆起此前的种种经历，预测合理的结果。思维将过去相似的事件同当下的经验进行比较，从而知道现在该如何应对，如果未来再次发生类似事件又该怎样做。[9]

当然，思维并不会把任何微小的变化转化为故事。与之相反，进化教会人类将注意力集中于意义重大的动态变化。

故事化思维方式以核心价值为坐标来解读每个事件。然而，在故事创造的领域，"价值"一词并不是指成功、真实、忠诚、爱或自由等单一概念。这些词只说出了价值的一半。动态事件对生活的影响并不是单一的，而是以正负二元对立的形式挑战我们的价值观。这些事件围绕我们生活中的种种经验旋转徘徊，例如成功/失败，真实/谎言，忠诚/背叛，爱/恨，正确/错误，富足/贫穷，生/死，勇敢/怯懦，力量/软弱，自由/奴役，兴奋/厌倦，诸如此类。价值观为故事注入生命力。

在真正有意义的事件中，思维必须感知到至少一个价值观正在遭受挑战。原因显而易见：如果某一受到威胁的价值观并不改变，那么发生的事件只是无关紧要的琐事。然而当价值观产生了由正到负或是由负到正的转变（比如因爱生恨或由恨至爱，从胜到败或转败为胜），事件就有了意义，情感自然流淌。精彩的故事在讲述时总围绕着充满情感负荷的价值观，因此它的意义才会在我们的记忆中留下深深的印记。[10]

这就是为什么虚构事件比真实发生的事情更令人印象深刻。精彩的故事嵌入可能发生的行为模式，听上去像是真实经验的记忆，而这样的模式成为未来行动的参考矩阵。真实生活中混乱的价值观通常让事件轻易被置之脑后，而与之相比，虚构事件中的情感负荷清晰有力，牢牢地构筑在记忆之中，成为未来可以追溯的行动指南。[11]

为了理解生活的真意，故事思维模式串起时间长河中意味深长的事件，用起因和结果使其紧密相连。在故事的最后，意义不仅诞生自理性的理解，更源自情感的共鸣。

故事最简单的形式是这样：在叙述的开始，主人公的人生处于相对平衡的状态中，并透过他的核心价值观表露出来（例如幸福/悲伤）。紧接着，打破平衡的事件发生了，不可避免地颠覆了主人公的核心价值观。例如他可以坠入爱河（正面）或是失去所爱（反面）。为了找回平衡，主人公决定采取行动。从这一刻起，一系列因果相连的事件随之发生，随着时间流逝，动态渐进地令核心价值观在正负电荷之间来回摇摆。故事的最终事件彻底改变了核心价值观，进而把故事推至高潮，主人公的生活重新回归平衡。

进化的人类心智掌握了故事化的感知方式，进而有能力将庞杂宏大的现实简化为可控、高效、在人类理解范围内的事实。故事结构化的处理方式为虚无混沌的存在赋予了秩序、和谐与意义。有了故事化的思维方式，人类终于学会了如何带着目的生存，达到生活的平衡。正如肯尼斯·伯克总结的那样，故事是生活的必备品。[12]

故事的八个驱动力

为了令思维故事化，人类思维在进化中强化了八个能力。这八个驱动力一起发挥作用的时候，会将我们在过去、现在和未来散落的对人、事物的印象，聚成名为"现实"的耦合体。

1.自我意识：即区分主观自我与公众面前的客观自我，并将外在自我视为独立人格进行审视的能力。

如前所述，自我意识伴随着人类最初的思想而来。尽管时间会改变客观自我，核心自我却始终感觉如一，并独立于时间。尽管如此，"我"意识到自身无法脱离客观自我而存在，因此会恐惧客观自我的消逝。

随着时间流逝，故事化思想重塑了人的认知。人类的理性找到了生存的意义，以及死后来生的信仰。左手拥抱意义，右手拥抱不朽，人类终于在时间长河中找到了立足之处。

2.他者意识：有能力透过他人的眼睛观察，像自我感知一样从他人的角度感知世界。

具备他者意识后，人类就有了由己推人的能力。强烈的他者意识会转化为同理心，即同情和洞察的结合体，发生在别人身上的事情你也能够感同身受。

对讲故事的人来说，他者意识引导角色的创造，决定了主角在故事中如何选择、如何行动。[13]

3.记忆：存储及调取经验的能力。

过去是这样塑造未来的：记忆记录下经验的可循模式，构建对人和世界的理解。它把相似经验累积叠加在一起，然后告诉自己："世界就是这样运行的。"

理性试图使用过去的规律控制未来，采取能够让历史重演的行为模式。[14]但是通常，当过去行之有效的行为触发了意料之外的结果时，这种依靠记忆形成的对概率的直觉就会失控。我们会因此觉得在人生中真正重要的时刻，记忆背叛了我们。

下一章我们将会了解到，正是这种对概率的违背成为驱动一切故事的转折点。

4.智慧：从正规学习和日常经验中汲取知识，并运用演绎逻辑、归纳逻辑和因果逻辑得出真实可靠结论的能力。

最高级的智慧同时具备了识别谬论并加以反驳的能力。对于讲故事而言，知识创造了内容，是背景和人物设定的来源。

5.想象力：将现实重塑为意想不到的可能性的能力。

当知识过时之后，理性就失去了活力。但即使老化最严重的知识也会在想象力的刺激下自我更新，重新焕发生机。

如同时尚一样，老故事被一遍遍传诵，空虚和无聊就成了不可避免的风险。于是故事创作者依靠想象力为故事注入无穷变化。

6.洞察力：透过表象感知内在因果关系的能力。

富有洞察力的头脑阅读表面的信息，察觉到内在涌动并引起事件发生的隐藏力量。以数据作为对比，数据只衡量改变的外部结果，而洞察力揭示出如何改变、为何改变。

正如我们将会看到的，故事创作者利用这种敏锐的视角展现了一个我们自以为了解的世界，然后用力打破现实，先让我们大吃一惊，随后让我们察觉到故事世界和角色背后的逻辑与原因。故事驱动的洞察力使人类开化，建立教育机构，并令文明得以存续。

7.关联：创造的能力。

关联的思考模式会寻找两个已知事物的隐秘关系，也就是将两个事物以他人没看出的方式联系起来的第三个事物。这种类比推理逻辑是创造的本质。第三个事物将两个已知事物融为一体，成为全新事物——它不仅是替代或提炼，而是出乎意料、史无前例的创新。

纵观历史，故事大师具备不断将新内容与新形式连接在一起的能力，而连接的形式是前所未见的。但无论他们的故事有多么新颖，多么具有革命性，最好的故事永远具有人性，用新的光束映亮人类的需求和欲望。

8.自我表达：表演的能力。

自我感知的理性令上述独特能力和谐共存，透过多维度、多层次、持续变化的现实连接因果，把人物和事件用故事的形式编织在一起。故事在一个人的头脑中开始，却在另一个人的头脑中结束。如果故事不能让其他人感同身受，那么这些天赋就没有任何意义。

在故事诞生之初，才华横溢的故事创作者就围绕着篝火表演三种故事：关于狩猎、搏斗和在危机中生存的动作史诗；关于能够控制自然的神奇力量的传说；以及关于来世的不朽神话。第一种故事构建了人类的文明传奇，第二种让时间和空间具有意义，第三种则成为宗教的基础。这三种故事教会人类部落如何在世界上生存，并为下一步做好准备。

具备故事力的头脑

头脑创造故事，在自我和宇宙以及自我和过去、现在、将来之间的鸿沟上架起桥梁。故事形式令混乱产生秩序，穿透"看上去如此"的谜题，呈现出"实际如此"的因果关系。

所以在营销领域我们可以得出这个结论：故事化沟通是传递信息最有力的形式，因为故事最适合人类心智；之所以故事最适合人类心智，是因为最早的人类将现实转化成故事来理解。这是同义反复。正如哈姆雷特所言："事无好坏，思想使然。"

因此，一旦你掌握了故事的结构和方法，故事就可以为当今的营销危机提供出路。

第四章 故事的定义

The De nition of Story

若想掌握故事化营销的精髓，首席市场营销官首先需要找到这些根本问题的真实答案："故事究竟是什么？有哪些主要构成部分？这些元素如何在故事中相互作用？怎样才能创造出一个强劲有力的营销故事？这个故事如何才能传递出我想表达的内涵？故事怎样在消费者的头脑中产生作用，影响他的情感，引导他的选择？最重要的是，怎样用故事激励消费者采取正向有利的行动？"

故事和艺术及音乐一样，你以为你懂得它的含义，但给它下定义的时候却无从下手。你大概很奇怪为什么会这样，毕竟你已经听了一辈子故事，可以举出成百上千的例子。你每天都向朋友、同事和自己讲故事，以为自己知道什么是故事，但若想给它下个定义，你的想法却模棱两可。

在这个问题上，工具书也帮不上什么忙。让我们一起来看看《牛津英语词典》中的定义："关于虚构或真实的人和事件的娱乐性叙述。"这样一个语义暧昧的定义对市场营销人员是没什么实际作用的。如果不知道手中的工具是什么、怎么用、坏了如何修理，又何谈把它用好呢?

　　更糟糕的是,《罗格同义词词典》使用"描述"这种令人困惑的转喻词和"旅程"这种不当用词将故事的定义沉重化了。如果市场营销人员错误地采用这些软性定义,无视故事的真实面貌,他会误以为自己的营销活动讲述了一个有力的故事。结果就是营销活动的失败被归咎于故事这个方法本身,却没有意识到他根本就没有讲好故事。

　　让我们先来了解一下故事不是什么。排除掉没有说服力的同义词和错误观念之后,才能厘清故事的定义。

故事不是加工程序

　　不同零件在生产流水线上用螺丝钉铆接固定,一步步组装成汽车,这不是故事。组装制造是横向加工处理的过程,和故事一样,制造工序通过开始、中间、结束三个步骤,从打开状态进入闭合状态,对汽车来说也就是从零件状态进入组合状态。但是和故事不同之处在于,加工程序不涉及欲望、冲突和核心人物。因此,没有任何人的生活被触动或颠覆。程序只是序列化的累积,而故事是层层递进。

故事不是层级制度

　　被问及企业故事的时候,许多高层管理者会直接拿出企业架构图来解释。在他们眼里,企业"故事"是为了说明这家公司如何做事以及决策和任务如何沿着权力金字塔上下流动。但是企业组织只是一种纵向的加工程序。层级制度用秩序将混乱规范化，但并没有讲述任何故事。

故事不是大事记

还有一些高层管理人员会把公司年表当作企业故事。企业大事记，特别是招股说明书中披露的那一类，同样也是另一种程序。只是这种加工程序是时间化的，以时间序列中的一系列成长事件列表的形式呈现。

故事不是人生旅程

"旅程"这个流行词是"人生故事"的时髦比喻，但它是错误的。生活并不像旅程。如果我们的人生真的有迹可循，那也是毫无逻辑的曲折路线。我们左摇右晃，跌跌撞撞地追寻成就、爱与安全感。

"旅程"这种委婉的说法让我们暂时忘记冷酷的现实，如同我们在对孩子进行如厕训练的时候用的那些文雅词汇一样，这类形容词在文明社会中占有一席之地。然而精彩故事的主人公不会是被动的旅人。为了实现自己的愿望，他必须在流动的时空中奋力挣扎前行。

故事不是单纯的叙事

许多市场营销活动惨败的原因是由于广告公司不懂得"叙事"

和"故事"的区别。"叙事"一词看似学术甚至科学，但在商业语境中，这个词既不准确又缺乏逻辑。它的使用犯了一个彻头彻尾的错误：所有的故事都是叙事，但并不是所有叙事都可以称为故事。前面提到的四个不当用词都是叙事，但都不是故事。

叙事可以视为对事件的一种平淡、乏味并且重复的描述。它像白开水一样在脑海中一晃而过，对消费者毫无影响。

故事则充满价值，层层递进。想象力是故事的天然归宿，人类的心智欣然拥抱精彩的故事 。故事叩开用户的心扉，顺应并刺激消费者的选择。

下一次你觉得别人的"故事"无聊透顶的时候，十有八九对方讲的根本就不是故事。真正的故事会让你全神贯注，侧耳倾听；而让你厌烦的是叙事的折磨，其中大部分是这种重复性的唠唠叨叨："……然后我这样，然后我那样，然后，然后，然后……"

故事是什么

那么故事究竟是什么呢？人类历史上一切故事的核心事件可以概括为一句话：冲突颠覆生活。因此，故事的最佳定义如下：一系列由冲突驱动的动态递进的事件，在人物的生活中引发了意义重大的改变。

故事设计的八个阶段

如果把故事作为一种艺术形式来追求，它会无限复杂，充满无穷变化。虚构故事包含了从滑稽戏到悲剧的多种样态，范围跨度从独角戏到交错编织的多个情节及次要情节，长度也从几秒钟的笑话到上百小时的多季电视连续剧不等。然而这些不同变体却拥有一个同样简洁而根本的核心。当我们使用"故事形式"这个短语的时候，我们指的正是故事那个放之四海皆准而不可约减的根基。

如果对每个连贯的故事进行深入剖析，我们就会发现，有八个关键元素通过八道程序进行组合，从始至终贯穿着整个创意过程：

第一阶段	第二阶段	第三到第八阶段
意味深长的 情感满足	社会价值 主角 社会 地点 时间	主角到行动 V.S 对抗力量的反馈

这些元素的表现和人一样充满变化，正如世界上没有两个个性完全相同的人，世界上也不会有两个完全相同的故事。只是在每个故事的核心，都有一个相同的核心骨架固定住故事的血肉，经过时间长河的洗礼也不会改变。

正如音乐和舞蹈这类艺术形式，故事的基本维度是时间。古典音乐可以把演出分为不同乐章，精彩故事的创意准备和动态变化同样可以分为八个阶段。对故事原则的执行程度决定了每个阶段成功与否。

我们将以斯蒂文·泽里安和艾伦·索金的作品《点球成金》（Moneyball）为例，阐述每个阶段和相应的首要原则。此片荣获了包括最佳男主角、最佳影片和最佳改编剧本在内的八个奥斯卡提名。

第一阶段：目标受众

基本原则：意味深长的情绪感染

作者在创作故事之前，首先需要清晰地了解他的受众是谁，以及他的作品对受众的思想和情感会产生怎样的影响。

《点球成金》：编剧的目标受众为对体育有兴趣的成年观众，特别是其中的棒球球迷以及布拉德·皮特的粉丝。鉴于大部分真正的棒球爱好者都知道影片的核心事件在现实中的结局，讲故事的人希望达到的特殊效果是让观众对事件背后的原因和过程有更深入的理解。编剧的特定目标是当银幕上一个沉默寡言的英雄打破不可能，并且创造奇迹的时候，观众从平静的喜悦中得到意义深远的情感满足。

第二阶段：主题

基本原则：平衡

每个故事都发生在特定现实世界中的特定时间。故事开始时，主角的人生围绕核心价值锚定不变，处于平衡状态。他的日常生活中也会遇到许多微小的起伏波澜，但是并未影响核心价值向正面或负面的一端倾斜。

《点球成金》：泽里安和索金两位编剧设定的主题是奥克兰运动家队的总经理比利·比恩努力打造冠军球队的真实故事。

2001年，比利·比恩（布拉德·皮特饰）组建了一支相当出色的队伍。他的球队虽然没有打进世界职业棒球大赛，但成功闯入了季后赛。比恩职业生涯中的核心价值——成功/失败——处于平衡状态。

第三阶段：激励事件

基本原则：失衡

激励事件是一个意料之外的事件，它打破核心人物生活的平衡，从而为整个故事拉开帷幕。核心价值的中立状态急剧向正面或负面扭转。无论走向如何，这一重大改变将主人公置于压力之下。

《点球成金》：2002年赛季开始时，比利·比恩遇到了耶鲁大学经济系毕业生彼得·布兰德（乔纳·希尔饰）。布兰德向他介绍了用赛伯计量学评估球员的方法，比恩看出这个方法的优势，雇用布兰德为助手。这一激励事件打破了比恩生活的平衡，向正面推进。他对新的赛季充满希望。他对成功/失败的核心观念向正面倾斜。

然而《点球成金》的激励事件也带来了一个不妙的副作用：比恩全心拥护这个反传统的数据分析法，导致他和另外两个人产生摩擦——球队经理亚特·贺维（菲利普·塞默·霍夫曼饰）和首席球探格雷迪·富森（肯·梅德洛克饰）。这两个人痛恨赛伯计量学。从这个角度看，激励事件的冲击又将比恩对成功/失败的观念由正急剧推向负。他面对的是有可能摧毁整个职业生涯的重大危机。

第四阶段：欲望对象

基本原则：未被满足的需求

当核心人物察觉到生活的平衡被激励事件打破，自己已经置身于危险境地的时候，他自然想要找回生活重心的平稳。为了达到这个目的，他产生了欲望对象，这也是所有故事的必要构成部分。欲望对象被定义为核心人物为了找回生活平衡而必须得到的东西。

《点球成金》：比利·比恩的欲望对象是带领球队闯进职业棒球大赛。

第五阶段：第一个行动
基本原则：策略选择

为了让生活重归宁静，核心人物开始采取行动。这个行动被设计为应当引发正面反馈的策略，这一行动有得到欲望对象的可能，最不济也至少是向欲望对象推进。

《点球成金》：比恩依靠彼得·布兰德的赛伯计量学方法对准备引进的球员进行评估，雇用不被其他人看好的球员来填补去年离开的球星留下的空缺。

第六阶段：第一个反馈
基本原则：悖反期望

在这一阶段，现实突然击碎了核心人物的期望。核心人物不仅没有得到正面反馈，反而发现敌对势力的力量超出预期，让主角的全部努力付诸东流。主角主观认为的结果与实际发生的事情之间产生巨大鸿沟。这一意料之外的反馈将主角打回原地，甚至将主角推至目标的反向。

《点石成金》：奥克兰运动家队在46场比赛中输掉了26场。球队经理亚特·贺维认为赛伯计量学方法是无稽之谈，并不顾比恩的反对，组建了自己认可的阵容。

第七阶段：危机下的抉择

基本原则：洞察

现在，主角置身于更大的危机之中，不仅没有得到欲望对象，反而快要失去它了。他从第一个反馈中得到教训，带着洞察力重整旗鼓，选择采取第二个行动。第二个行动比第一个行动更加困难，并且风险更大，但是他希望借此获得能够帮助他得到欲望对象的正面反馈。

《点石成金》：比恩交易走了贺维的明星一垒手，逼迫球队经理采用布兰德的方法。

第八阶段：高潮反馈

基本原则：闭幕

在紧凑的故事中，主角的第二个行动引发满足期望的高潮反馈，令他得到欲望对象。这一高潮事件让主角的生活重归平衡，结束了整个故事。

《点石成金》：比恩的统计方法激励球队取得20场连胜，打破了美国棒球联赛的纪录。在赛季结束时，球队战绩为103胜59负，在季后赛中取得一席之地，并让比恩重新有机会带领球队进入职棒大赛。

故事设计的八个阶段：

第一阶段：目标受众=意味深长的情绪感染

第二阶段：主题=平衡

第三阶段：激励事件=失衡

第四阶段：欲望对象=未被满足的需求

第五阶段：第一个行动=策略选择

第六阶段：第一个反馈=悖反期望

第七阶段：危机下的抉择=洞察

第八阶段：高潮反馈=闭幕

长故事

首要原则：渐进式行动/反馈

在扩展的作品中，第七阶段和第八阶段会以不同的形式重复，推动故事渐进式发展，直至达到最终的高潮。世界的负面反馈一次又一次地让主角的希望破灭。主角每次采取的新行动和出乎意料的结果让他在正负之间来回挣扎，力量逐级增强。一次次的反转和悖反令压力终于累积到临界点，直到主角做出危机决策，决定采取高潮行动，最终不可逆地成功得到欲望对象，或者再也无法得到欲望对象。

渐进式故事：下面是一个真实发生过的故事，它在多年间层层递进，经历许多转折点。看看你能否通过一系列公开报道过的事件猜出主角。

目标受众：公众

主题：食品零售业

企业家发现了一个有利可图的生意机会，产品线质量优异，于是成为这家公司的总裁。

激励事件：企业家提前退休后，企业在新总裁的领导下业绩一落千丈。

第一个行动：企业家回到公司重新担任总裁之后，希望让公司扭亏为盈。

第一个反馈：全球经济下滑，之前的消费者现在已经买不起产品，销量和利润下降。

第二个行动：为了削减成本，企业家关闭了10%的直销店，解雇部分员工，并采取更多措施。

第二个反馈：利润持续下降，股价跳水，华尔街称这家公司正面临惨败。

第三个行动：创始人降低定价。

第三个反馈：销量下滑得更厉害。

第四个行动：创始人削减运营成本。

第四个反馈：利润缩减。

第五个行动：创始人灵机一动，通过有益于员工的社会举动重塑了公司形象。

第五个反馈：消费者在社会举措的感染下重回品牌怀抱，并为公司赢得良好口碑。

第六个行动：股东寻求更大利益，敦促总裁砍掉员工福利。

第六个反馈：总裁捍卫员工福祉。

第七个行动：总裁为员工提供了更多福利，并打造了全新的品牌营销活动，展现出关怀员工的企业文化，并利用社交媒体进行传播。

第七个反馈：公关赢得巨大成功。

第八个行动：投资新产品。

第八个反馈：新产品失败。

第九个行动：总裁从失败中得到教训，开始询问消费者到底想要什么。

第九个反馈：消费者给出反馈。

第十个行动：总裁满足消费者需求。

第十个反馈/高潮和闭幕：消费者为总裁带来巨大成功。

你大概已经猜到了，这就是霍华德·舒尔茨和星巴克的故事。

大部分市场营销使用简短紧凑的故事。在商业世界中，品牌面对的是极短的广告时间和高昂的创意成本及制作成本，营销故事不得不局限于一至两个转折点。

意 义

故事的八个阶段是这样创造意义的：首先，所有故事的核心脉搏都是一至多个二元对立的价值观，比如生/死，自由/暴政，成功/失败，真理/谎言，爱/恨，诸如此类。随着故事发展，核心价值由负转正或者由正转负。例如在印第安纳·琼斯的冒险故事中，核心价值是由生到死；在奥威尔的政治隐喻作品《1984》中，核心价值从自由转向专政；在职业故事《点球成金》中，主角转败为胜。

其次，故事中的因果动态解释了为什么发生和如何发生，也就是上述转变背后的原因。例如，印第安纳·琼斯能够幸存下来并继续战斗，是因为他在压力面前机智勇敢、沉着冷静；温斯顿·史密斯在专政下屈服，是因为他无法忍受"老大哥"的残酷行为；奥克兰运动家队赢得比赛，比利·比恩保住工作，因为他从始至终都相信自己的判断。这种对价值和原因简明清晰的总结用一句话说明了故事的意义。

我们将会在第六章中证明，充满意义和情感的高潮将如何推动消费者采取有利行动。为了给最终的创意环节打好基础，下一章我们会先逐一展开分析故事的八个阶段，并充分探索每个阶段包含的内容。

第五章 完整故事

The Full Story

前一章用广角视角纵览了故事的八个阶段，让我们能够将故事划分为主要构成部分进行剖析。如果你想更快掌握故事的核心，不妨选一个你钟爱的故事，分析它的八个阶段，隐藏在深处的故事普遍形式就会自行浮现。

本章用特写视角深入研究这八个阶段和它们的不同形式，让你练好手艺打造自己的故事。讲故事的人就像作曲家一样，也要掌握不同的乐器。多个声部渐渐增强，最终和谐融入彼此。

第一阶段：目标受众

基本原则：意味深长的情绪感染

虚构作品的创作者，不管是小说家、舞台剧作家还是影视编剧，通常都能够想象出他的故事面对的是哪类消费者。好的故事创作者在职业生涯中会逐渐培养出敏锐的直觉，知道他们理想的目标读者/目标观众是谁，同时也对作品将会引发的情感效应胸有成竹。喜剧作家的目标是观众的笑声；爱情故事的作者希望作品让人潸然泪下；动作片创作者追求兴奋和刺激；包含复杂心理活动的故事旨在引发同样心绪万千的情感共鸣。专业的创作者最终评价作品质量的时候不是基于作品对自己的影响，而是基于他想在受众心中引起的共鸣实现了多少。

不过，对于市场营销的故事创作者而言，定义目标受众要更困难一些。关于这种目标明确的故事的第一阶段，有许多维度的研究，我们将在下一章中更深入地进行了解。

第二阶段：主题
基本原则：平衡

贫瘠的土地上无法生长出有力量的故事。故事的背景设定必须经过巧妙的构思。一旦目标受众进入视野，故事创作者就要从头开始打造他们的故事，从故事的基石开始一步步进行准备。

故事的主题包含三个主要元素：社会背景、主要人物以及核心价值。生活为故事创作者提供了无限的可能性。

独一无二的原创性是点亮非凡故事的火花。但这种火花并不是在创作者无所事事地做白日梦的时候闪现的。只有当创作者脚踏实地地做好基础工作，耐心搭建故事世界，从零开始进行设定的时候，火花才会在他的想象中迸发。

因此，搭建故事世界是关键的第二步。站得住脚的选择能够显著提高成功的概率，而疲软无力的选择会引发后续的塌方，把紧随其后的五个阶段葬送在这个阶段。最软弱的选择是在普遍与特殊之间选择前者。

创作者都希望自己的故事畅销，影响最广泛的受众，因此他们总会保守选择一体适用的万全之策，而不是独一无二的世界。遗憾的是，这样的决策不仅无法扩大潜在受众群体，反而会适得其反。

由特殊推向普遍是最适合人类思维方式的模式，而不是反其道而行之。用"一件家具"这个词来举例。想想看，读到这个词的时候，你头脑中只会有一个模模糊糊的形象。它限制了你的想象，不会促使你产生更多想法，因为你的思维没有获得任何指向特殊的推动力。但如果我说"一个有血红色皮垫的公爵靠背椅"，你的脑海中会马上闪现出一个清晰的图像。你的想象力本能地由特殊推向普遍，自动把这把椅子归类在头脑中的"家具"类目中。这个原则适用于故事世界中的方方面面，不管是物理层面还是社会层面。

因此，这阶段的原则如下：设定越具体越特别，故事的适用性就越广。

故事创作者必须以最终目的作为出发点，确定每个元素，随后对这些元素进行深入研究，得到若干独特的选择，最终把这些不同方向精确地整合到一起。创作者由此得到一个独特的故事世界，为最终创作出一流作品打下良好基石。

时间

故事的设定涉及时间的两个维度：位置和跨度。

1. 时间中的位置

大部分故事发生在此时此刻，在这个当代社会中，其他则设定于历史上的某个阶段或是假想的未来，还有一些发生在不受时间限制的幻想世界中。

2. 时间的跨度

故事跨度指的是故事中的人物经历的时间，而不是指讲这个故事所需的时长。故事的时长短至几秒钟的YouTube视频，长至上百小时的多季长篇电视剧集。然而除了少数个例之外，故事内的时间跨度远远长于故事本身的时长。

空间

两个维度构建了故事的空间：（1）物理，即故事的横向景观及上面的每个物体；（2）社会，即社会权力金字塔的纵向层级制度，以及上下移动的可能性。

1. 物理位置

许多故事，特别是舞台剧或情景喜剧，通常发生在单一的封闭空间内。比如家庭成员在客厅内争论到底该去哪里度假，地板上放着摊开的地图。而另一方面，大部分银幕或者书本中发生的故事地点总在改变，譬如一家人在私家车道上整理行李准备出发，随后在沙滩上野餐，在海景餐厅共进晚餐等等。

2. 社会位置

物理设定中包含着社会设定，人口统计学的因素定义了人物形象，比如年龄、性别、职业和种族。更重要的是这组人物置身其中的文化是什么。文化首先由价值观界定，价值观包括理想和现实两部分，也就是公民相信他们该怎样做，以及在实际中他们是怎样做的。

核心价值

物理和社会维度让故事在时空当中立起来，但这只是两个维度。只有当创作者以价值标准的形式增加第三个要素，设定才能三维立体。

正如在第三章中我们提到的，在日常对话中，如果提到某一个体或机构有自己的"价值标准"，我们指的是真实、爱、慷慨、勤奋、忠诚等诸如此类的正面品质。但对于故事创作者而言，他在故事中注入的价值观不能是单一的，而应该是正/反负荷二元对立的，如真实/谎言，爱/恨，慷慨/自私，勤奋/懒惰，忠诚/背叛，生/死，勇敢/懦弱，希望/绝望，意义/虚无，成熟/幼稚，正义/不公……这个清单上包含了人类经验中一切能够推动情感力量在正负两端之间来回游走的品性。

一个故事可以包含任意数量、种类和组合的价值观念，但是它的内容紧密围绕一组不可替代的二元对立价值，即故事的核心价值。这一价值标准决定了故事最根本的意义和情感。

假设这个故事的核心价值是爱/恨。赋予事件意义的是主人公如何由爱至恨、因恨生爱的过程以及背后的原因。当故事在正负力量之间来回摇摆的时候，故事中的人物和故事受众的情感会自然流淌。

但如果故事创作者把笔下人物生活中的爱/恨替换为道德/不道德，那么这一核心价值的变动就会把他的作品从爱情故事发展为救赎故事，从而赋予它全新的意义和情感。

如果犯罪故事的核心价值从正义/不公转变为生/死，那么它就会转变为动作故事，同样会引发新的情感和新的意义。如果家庭故事不再聚焦于团聚/分裂的价值，转而强调某个子女的成熟/不成熟，故事类型就会从家庭剧彻底变成青春片。核心价值是故事跳动的心脏，决定了故事的特殊意义和独特的情感影响。

核心角色

我们最好把人物设计想象成有行星和卫星的太阳系，太阳（故事的核心人物，也就是主角/英雄）在中心燃烧，彗星（配角）围绕太阳运行。明星角色通常是单个人物，但也可以是双雄（如《末路狂花》）、团队（如《无耻混蛋》）、机构（如《传染病》中的疾病防治中心），甚至作为一个庞大集体挣扎生存的全人类（如《世界之战》）。

如果这个角色由两个或以上的人物担纲，那么他们通常作为一个人行动：这个集体中的所有人追求的是同一个东西，在追寻的过程中共同受难或者共同受益。不管其中一个人遭遇了什么，是正面还是负面，集体中的所有人都会受到影响。

核心角色不一定需要让人同情，但一定要让人感同身受。两者的不同之处在于：让人同情意味着"讨人喜欢"，一个让目标受众想要当朋友、家庭成员或者邻居的亲切同伴。而"感同身受"意味着"像我一样",即核心人物和目标受众共同拥有的与生俱来的特点。

让人同情可有可无,而感同身受必不可少,原因如下:观众的参与度取决于行为背后的身份认同感。不管角色多有吸引力,多让人同情,观众绝不会仅仅因为对方个性迷人就产生共鸣。相反,只有当观众下意识地分辨出角色自内而外自然流露出的人性光辉时,观众才会基于移情作用,和角色产生心理连接。而角色的这一品质成为故事的善意核心。

善意核心

从故事出现的那一刻开始,受众本能地立刻开始审视包裹着价值观的故事全局,寻找一个移情的入口,进入故事的情感之门。他们区别出正负、好坏、正确与错误、有价值与没有价值的事物,寻找着善意核心。因为在每个人的内心深处,都本能地自认为是好人。

我们都知道自己绝非完美无瑕,可能还需要道德上的审慎,但是当我们衡量内在的正负力量之时,我们感觉总体来说我们是好的,或者至少是正确的。就连罪大恶极的人都觉得自己的所作所为是有正当理由的,不信你去问问看。因此,所有人类,不管有没有人性,都在故事世界中寻求着正面的光辉,进而产生共鸣。

理想情况下,故事创作者会把这个善意核心置于主角身上。这个核心角色内心散发出正面的人性光辉,从而抓住受众的个人情感。这种移情作用也是镜像故事的出发点,关于这一点我们将在第六章中进一步展开。

请注意，善意核心原则不代表故作多情或者盲目乐观。就像太甜的糖会让牙齿痛一样，太甜蜜的世界让人觉得不真实。[1]

生活始于平衡

故事开始前，它的物理设定、社会设定、核心价值及核心角色都处于平衡之中。主角当然也会有日常的起伏，这很正常，谁没有呢？但是他对自身存在的合理性拥有绝对的主权。直到发生了……

第三阶段：激励事件
基本原则：失衡

定义：激励事件打破主角的生活平衡，将故事的核心价值正向或者反向扭转，但毋庸置疑地推至失常状态。这个转折点是后续事件的起始，推动主角采取行动。

激励事件既可以是宏大的社会事件，也可以是悄然发生的内在事件，无论是国家层面的领袖变更，还是主人公自己改变主意都可以。它可以是偶然（中彩票），也可以是决定（辞职创业），可以造成正面转变（升职），也可以造成负面转变（破产）。它通常在一开始转向正面（如主角爱上了一个好男人），然后由正转负（却发现对方已婚）。

从激励事件开始，核心价值随着故事发展，在两极之间动态摇摆。在故事领域，"动态"的含义不仅意味着"活跃"或"有力"。

它代表故事事件内在价值正负两极的轮转造成的持续变化发展。

从受众的角度来看，激励事件有四个效果：

首先，它能够抓住注意力。正如我们先前指出的，改变对人类的思维模式有天然的吸引力。激励事件对主角人生的突然颠覆让观众的兴趣聚焦于此。

其次，激励事件提出了最戏剧化的问题："事情的结果将会如何？"这个关键问题就像强力心理胶水一样。回想一下，你耐着性子看完了多少糟糕的故事，只是因为这个问题一直纠缠不休："这破玩意儿最后到底怎样了？"

再次，对关键问题的好奇和对主角的感同身受融合在一起，形成了故事最诱人的魅力：悬念。悬念将观众的兴趣深化为情感投入。主观认同和客观上想知道发生了什么这两个心理动因将故事的力量放大了十倍。

第四，就在观众看到主角生活失衡的那个瞬间，他/她的想象中会形成一个画面，观众知道他们在故事结束之前一定会看到这个场景。听了一辈子故事，观众知道一旦激励事件爆发，负面力量会持续阻挠主角的行为，直到他终于和危机面对面，在某种程度上这也是敌对力量最集中的时刻。

这个决定性的对峙时刻有时候被称为"必要场景"。因为观众已经有了这样的想象和预期，讲故事的人有责任把这个场景展现出来，否则就太无理了。

第四阶段：欲望对象

基本原则：未被满足的需求

当某个事件迫使你的生活失去平衡，你最想要的是什么？任何一个人最想要的是什么？生存的主权。激励事件将生活推至失衡状态，激发人类自然的欲望——夺回控制权，找回平衡。

这一初始事件令主角察觉到，他所站立的位置遭遇了突如其来的、重大甚至很可能是危险的倾斜。欲望对象由此产生，他感觉只有得到欲望对象，他的生活之船才能重归平稳。欲望对象可以是具体的，比如加薪、创新产品、合适的恋人，也可以是情境，比如升职、离婚、复仇，甚至可以是观念上的，比如对自己的深刻洞察、更高的事业目标或者终身信念。几乎没有任何故事的欲望对象是完全一样的，理想情况下，欲望对象应当独一无二，专属于它的故事背景。

然而有一点是相同的，所有故事都戏剧性地展现了人类最基本的挣扎——为混沌的生活赋予秩序，让失衡重归平衡。

我们用风险来衡量欲望对象的价值。风险越大，欲望对象的价值就越高。什么样的事物让你愿意付出时间？什么样的事物让你愿意冒生命风险？什么样的事物让你愿意以灵魂交换？最诱人的欲望对象有最高的价签。事物的价值越高，观众的感情投入越深。相反，看着一个角色追求没什么价值的东西则是无聊的同义词。

故事塑造了角色时时刻刻的挣扎，但是生活的复杂性却如同一座充满欲望和需求的蜿蜒迷宫。讲故事最终成为融合与组织的艺术，将欲望的洪流融合成一系列瞄准单一欲望对象的事件。

让角色奋力寻回生活平衡的欲望对象由他生活的文化背景决定。

文化理想决定了引导主角的前景欲望（他应当想要什么）和背景欲望（他不能想要什么）。

我们每个人都会不断察觉到自我和生命中遇到的其他人之间的关系，比如我们在交通中的安全，侍者给我们领的座位，我们在同事中的层级位置……这仅仅是三个我们在社会中遇到的例子。我们对与朋友、家人和爱人之间的亲密关系非常敏感。同时我们还了解内心最深处的自我以及身体、精神、情感和道德的幸福状况。更重要的是，我们深知自己在时间长河中的位置，包括过去的经历、现在的状态和未来的憧憬。复杂交错的关系创造了前景和背景的欲望——生活的必需和禁忌。

这些欲望不仅构筑了角色的生活现状，同时也调节着他的行为。背景欲望构成抑制之网，限定了每个角色在每个场景中的行动范围。对稳定的追求约束着角色的行为，限制他在得到欲望对象的过程中不该说什么、不该做什么。

然而主角的欲望对象不应当和他的动机混为一谈。欲望回答的是"什么"：他主观上想要得到什么？潜意识里在寻求什么？而动机回答的是"为什么"：为什么这个人物想要得到这个？为什么他想得到特定的欲望对象？

人类动机的根源往往可以追溯至孩童时期，因此通常是非理性的。讲故事的人想对人物动机挖掘到多深完全取决于他自己，有些人偏好于此，有些人则置之不理。

查尔斯·达尔文、德拉诺·罗斯福、毕加索等等这些历史人物的传记作者用大段篇幅描述养育的细节，想记录下激励这些名人取得伟大成就的童年经历。

与之相反，莎士比亚从不讨论动机。他不告诉我们为什么雄心勃勃的麦克白被内疚折磨，为什么嫉妒吞噬了名将奥赛罗，为什么愚蠢的李尔王会相信年迈的时候女儿们会照顾自己。这些悲剧的灵魂只是做出那些迷人的举动，让我们屏住呼吸。

第五阶段：第一个行动
基本原则：策略选择

欲望需要行为。为了找回生活平衡，核心人物必须采取行动。当他这样做的时候，他采取的行动和得到的反馈推动他接近或远离欲望对象。这一正向/负向动态将故事推至高潮。故事创作者若想创造出独特并且吸引人的行为，就必须善于观察人类行为和其背后的原则。比如下述两个原则：

原则一：异质策略

每个人从此刻到下一刻的行动基于他对概率的预判，即他认为采取下一步行动之后可能会发生什么。每个人对可能发生之事的感觉源自他过去每个日日夜夜的全部经验。过去的生活经历给了他独一无二的视角，让他判断出世界在物理、社会、个人、内在四个维度是如何运转的，或者说理应如何运转。因此，从一个瞬间到另一个瞬间，无论是深思熟虑还是本能反应，人在直觉引导下采取大概率会引发周围人事物的正面反馈的行动。

为了接近当下的欲望和长期愿望，人们从个人策略的箭囊中选取战略性的行为。由于每个人都是独一无二的，每个人对行动的预判也不尽相同。因此，他的策略选择（包括具体言辞、姿态、表情等等）也是独一无二的。

换言之，所有的行为都反映出某个独特立场。每个人的基因和经验的结合体都无可替代，有多少人生存在世界上，就有多少种对真实世界的独特观念。正是无穷的异质策略激发了故事创作者的灵感，让他们构思出独特人物。那些最巧妙的故事中的主人公通常具有前所未见的迷人举动。

原则二：风险规避

进化论设定了一切生物的基因：尽可能地保存生命，直到耗尽最后一个卡路里；尽可能地追求所有必要的欲望，但规避不必要的风险。因此，人性作为大自然的一部分，在追求想得到的事物的过程中，总是在可选择范围内保守地采取最低限度的必要行为。

不然人有什么动机采取相反的策略呢？如果有更便捷更安全的选择，为什么要浪费多余精力或者冒不必要的风险呢？没有人会这样做，因为它违背自然规律。

因此，风险规避原则是这样的：角色只会做必要之事，不会多做，也不会少做。他会在自己认为能够找回生活平衡的策略中，去保守地选择最低限度的有效行为，但是请一定记住，对于什么是多，什么是少，什么是刚刚好的判断因人而异，并且人和人的判断之间差异巨大。每天，每刻，我们通常会正确地做出选择。我们99%的行为产生的影响都在预料之中。我们招手叫车，出租车应声而停；我们用谷歌查问题，维基百科给出答案；我们给朋友打电话，对方会很高兴听到我们的声音。我们采取行动，而这个行动导致的结果通常和我们想象的一样，于是我们继续过日子。这就是生活。但是这绝对不是故事。

为了给观众创造出意义深远的情感体验，故事创作者必须摒弃所有空洞的瞬间、所有细枝末节和陈词滥调，全心全意地拥抱那些带来价值改变的事件，且只专注于这些事件。

若想制造改变价值的事件，故事创作者应当令核心人物对概率的预判与现实产生必然的对立。概率指的是我们在做出行动之前认为会发生的事；而必然指的是当我们已经采取行动之后，实际造成的结果。当核心人物的第一个行动（基于他对概率的主观判断）和故事世界中的第一个反馈（基于现实中的客观必然）产生碰撞时，受到威胁的价值观向相反方向移动。

第六阶段：第一个反馈
基本原则：悖反期望

第一个反馈背后蕴涵着许多影响因素和影响力量，下面我们将逐一进行分析：

悖反期望

当角色所处的世界给出的反馈和他预期的反应截然不同，并且/或者更加强烈的时候，这种对期望的悖反造成巨大的震惊，紧随而来的是更深刻的洞察。主角认为会发生的结果和实际产生的结果之间的冲突出乎他的意料，从而劈开了他对现实的认知。他注视着主观期望和客观结果之间的裂痕，突然间顿悟，瞥见了他的世界的真实面貌，以及之前未曾预见的对抗力量如何挡在他面前。

"对抗力量"这个词不一定等同于"反派角色"。反派角色存在于特定的故事类型中，如果大反派被放在恰当的位置上，可以形成绝佳的敌手，比如《终结者》中的形象。然而"对抗力量"本身指的是在物质或情境层面的冲突中出现的多种多样的障碍。

当出乎意料甚至截然相反的阻碍违背了主人公的期望之时，这一阻碍将他拉向与欲望对象相反的方向。主人公现在才意识到，得到他想要的东西可没那么简单。对抗力量有可能来自下述四个现实层面中的任何一个，也可以是多个维度的组合：物理层面、社会层面、个人层面和内在层面。每个层面都可能潜伏着许多障碍。

1. 物理层面的阻碍：事件、空间以及自然和人类世界中的物体产生的巨大力量。比如没有足够时间完成某件事、距离想得到的东西太遥远、大到龙卷风小到病毒的种种自然界骚乱、阴暗危险的城市小巷、突然发动不了的该死的破车等等。

奇幻类型的作品为这些现实的力量增加了超自然的魔力，产生令人啧啧称奇的多样性和无限想象空间。

2. 社会层面的阻碍：组织机构和其中的个人产生的力量。

社会层面的阻碍包括政府及国际、全国或地方的法律系统、企业、宗教机构、学校、医院、军方甚至慈善机构。

任何地方的机构都会形成权力金字塔：金字塔顶端的人掌握巨大权力，底端的人权力几近于零，二者之间的人群有些许权力。怎样得到或失去权力？如何在金字塔中向上或向下移动？影响社会等级变动的有许多因素——教育、个性、意志力以及更常见的——运气。

3. 个人层面的阻碍：家庭、朋友及爱人之间的亲密关系通常充满问题，由此产生的喜悦与痛苦的力量。

从性爱到离婚，从赠与礼物到为财产争执，这些都属于个人层面的阻碍。

4. 内在层面的阻碍：意识和潜意识的欲望产生矛盾时，人物身体、情感和理智内在的对立力量。

当回忆背叛了你，身体出了问题，或者当情感淹没理智的时候，你要如何应对？比如，人物的焦虑会让他衡量成功的内在气压计在高压和低压之间来回摇摆，尽管从表面上看他的事业并没有任何改变。

转折点

转变一场戏意味着改变它的价值负荷。"转折点"这个词代表意料之外的敌对力量违背了期望，推动价值由正到负或者由负到正的那个珍贵瞬间。转折点引发改变只有两种途径：一是通过人物的直接行动及其后续反馈，二是通过揭示秘密或未知事实及其引发的反应。

理想情况下，每场戏都会以上述两种途径之一围绕转折点改变方向。不符合这个标准的场景则是非事件，即没有行动改变。如果太多非事件连续出现，故事就会坍塌，陷入枯燥乏味的境地。相反，持续渐进的改变会像钳子一样牢牢钳住我们的注意力。

转折点同时融入了生活的理性与情感两个方面。为了理解这种孪生效应，我们需要对这两个方面分别进行分析。

转折点的理性效应

本质上，期望悖反是意料之外的原因引发的结果。因此，转折点让受众的脑海中浮现许多问题，比如："为什么事件会有这些意外转变？为什么主角没有预见到？为什么我自己也没有预见到？什么原因造成了这一惊人的转折？"

转折点在现实中戳破了一个洞，观众的好奇心促使他们想用信息来填补这个缺口。他们在脑海中快速回溯之前的场景和图像，寻找之前错漏的原因，想要揭开"为什么"之谜。答案早已在故事的设定中埋下了伏笔。当观众看到隐藏的真相的那一刻，会顿悟："就是这样，现在我懂了！"这种洞察为观众带来喜悦和启发。

以《点球成金》为例：当球队总经理比利·比恩向首席球探和球队经理介绍赛伯计量学计划的时候，他以为员工会像他一样对这个项目的潜力兴奋不已。转折点：另两个人一听到这个计划就表示反对，拒绝执行计划，并且不惜一切手段对抗这个新策略。看到这里，我们不禁讶异地扬一扬眉毛，琢磨这是为什么。然后我们突然意识到，棒球运动毕竟是19世纪的发明，业内那些老员工按照传统方法工作并且比赛了一辈子，绝不会轻易拥抱21世纪的新方法。

碰了钉子之后，比利的策略推动故事向新的方向移动，磕磕碰碰地进入现代，从而推动电影达到正向高潮。在这个过程中，《点球成金》以对棒球历史的洞见、现代棒球方法及人物内心深处的真相作为对观众付出注意力的回报。

就像亚里士多德告诉我们的那样，观众最大的愉悦在于自行发现，而不是被动接受。当故事技巧化地把它的意义包裹在戏剧性之中的时候，观众不会感觉到精神压力，却会对世界和人心产生更深刻的理解。

转折点的情感效应

感情始于对刺激的反射。当景象、声音、味觉和触觉对感官产生刺激的时候，理智会立刻开始分析它们的意义，判断它们是正面的还是负面的，比如有益/伤害，熟悉/陌生，美好/丑陋，支持我/针对我，诸如此类。

这一理性判断过程依赖于对改变的预判。如果生存环境是中立不变的，理智就会无视环境，专注于眼前的诸多人物。但是当环境产生改变的时候，认知会突然跳出来警告我们变化会威胁生存，这是动物本能。

一旦理性判断出变化对我们有利还是不利，特定的腺体开始工作，把混合物注入血液中。我们经历的这种化学物质的注入就是情感。正如我们在第三章中提到的，在最基础的层面，我们的感觉只有两种——愉悦和痛苦，但是二者都有不同程度和不同复杂性的变体。这就是为什么不同的人对同样的刺激会产生截然不同的反应。这也解释了为什么同一个人会对刺激物产生两种对立的解读，从而体会到"复杂情感"。

因此，情感是变化的副产品。当理智察觉到由负到正的改变时，它会释放出带来愉悦感的物质；如果理智判定这种改变是由正到负的，则会释放痛苦。

把这种现象应用到讲故事当中，就可以给设计转折点提供灵感。例如：

多芬的"真美行动"

《广告时代》提名"真美行动"为本世纪最佳五个广告营销活动之一。奥美的市场调研人员在研究中发现，只有2%的女性认为自己是美丽的，而98%女性认为自己有许多瑕疵，其中大部分都过于低估自己。所以联合利华在2004年发起了"真美行动"，目的在于说服女性相信自己的自然美。

2013年，雨果·维嘉创作了名为"多芬真美素描"的视频。[2] 故事聚焦于一组自愿参与奇怪实验的女性：她们同意让素描艺术家为她们画像，实验要求艺术家不能看到她们，只能根据她们对自己的描述进行创作。这个勇敢的行为立刻引起了观众的共鸣。

当艺术家完成第一组素描作品的时候，他又重新画了第二组作品，第二次是根据陌生人对这些女性的描述进行创作。两组作品并列放在一起的时候，根据陌生人的观察画出的素描人像明显比这些女性对自己的苛刻描述更动人，也更接近真实。当参加实验的女性看到作品的时候，两幅肖像的差异让她们热泪盈眶。

情感动态

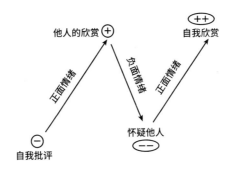

上述图表展示了"多芬真美素描"的情感动态轨迹。它的转折点在核心价值观的"自我批评"和"自我欣赏"两极之间来回摆动。

故事是这样的：每位参与盲绘素描实验的女性都会用相对不吸引人的词汇描述自己（激励事件）。这些自我批评的举动扰乱了她们生活的平衡，将她们的情感状态从中性转变为负面。

随后，当女性看到根据陌生人的印象创作的赞美性的素描时，动态转向正面。她们露出愉悦的笑容（第一个行动）。这个转折点将故事从自我批评（负面）推向他人的欣赏（正面）。

但当女性的目光在两幅矛盾的肖像画之间来回移动的时候，她们对他人的正面意见产生了负面反应，进入自我怀疑（危机）。她可以信任陌生人吗？到底应该相信谁？相信自己，还是其他人？这个转折点将女性从他人的欣赏（正面）转向怀疑他人（双重负面），进而唤起观众相应的负面情绪。

想信任他人的愿望和自我怀疑的内在障碍进行斗争（第二个行动），直到人性中美好的一面胜出，说服主角选择用他人的视角看待自我（第二个反馈）。故事在自我欣赏的双倍正电荷中达到高潮。在这一决定性转变中，观众跟随女性战胜自我批评的过程，体验到同样的正面情感。

所有精彩的故事都向我们展现了生活是如何改变的，以及为什么会改变。如前所述，改变带来的副作用是情感。然而这些感觉只会在转变过程中表露出来。当故事从正到负移动时，观众产生悲观沉重的情感；当故事由负到正移动时，光明积极的情感充斥着他们的心灵。当转变完成之时，情感迅速消散，准备进入新的状态。想要抓住并保持这种情感参与度，故事的价值必须不断地动态变化。如果没有变化，再激昂有力、令人愉快的事件都会变成毫无感情可言的无聊叙述："然后……然后……然后……"

第七阶段：危机下的抉择
基本原则：洞察

主角通过动作和转折点不断追求欲望对象，直到接近故事结局的某一时刻，他人生中面对的最集中的冲突力量封锁住他的道路。这就是观众一直等待的那个必要场景。在这个危机时刻，主角已经想尽所有可能的办法，只有一个例外。他需要做出重大的决定，在一系列可能的行动中选择仅剩的那个策略，为了把生活拉回正轨进行最后一搏。

选择的本质

决策有两种：明确的选择，和两难之中的选择；前者容易，后者艰难。

明确的选择通常面对的是一正一负两个选项，本质上它已经自行为你做出了选择，因此容易。明确的选择遵循自然最重要的法则：永远选择有利的那个选项。

一切生物都本能地懂得主宰能量和生命延续的两个定律：若想得到所求事物，（1）如果有更简单的途径，就不要多做冗余之事；（2）如果有更安全的方法，就不要多承担不必要的风险。将这两个定律合并在一起，自然法则就会变成：面对一个非正即负的选择时，永远要选择有利的、正确的、好的选项，而不是负面的、错误的、坏的选项。

然而在实际应用时，人类很少做出完全理性的决策。自然法则受制于观点，以及伴随观点形成的主观甚至非理性的偏见。

基于这一点，我们既理解每个人都会做出有利选择，即他主观认为的有利选择，也看到了邪恶如海啸一样席卷世界。对此，我们只能抱持着对人性的敬畏做出让步。大脑能够将一切合理化，为了维系自己的生存，它会变不利为有利。

两难处境同样有两种，并且都是艰难的选择。因为我们面临的选择是在两个有利选项中择其一，或是在两个不利选项中择其一，也就是通常说的"两利相权取其重"和"两害相权取其轻"。

在第一种两难处境中，主角必须在两个合意的方向中选择一个。二者都是他想要的，但是条件只允许他选择其一。在第二种两难处境中，她必须在两个不合意的方向中做出选择。她一个都不想要，但是环境逼迫她做出选择。两难选择的艰难导致选择前的焦虑和选择中的风险。不管主人公做出何种选择，他都必须付出代价，以一种价值的丧失作为得到另一种价值的代价。[3]

在虚构作品中，当主人公遇到两难选择时，危机决策给主人公带来极大压力。但正如我们在下一章中将要了解的，在市场营销者讲述的目的型故事中，主角的高潮选择必须与压力无关。

第八阶段：高潮反馈
基本原则：闭幕

主人公的战略起作用了。在故事的高潮，主人公的最终行动引发的反馈正是他希望的。故事的世界将主人公的欲望对象送交给他，他得到了他所需要的，生活回归到比故事开始时更完美的平衡状态。一切问题都得到了解答，一切情感都得到了满足，故事拉上帷幕。

递进原则

如果故事事件超过了上面描述的单一转折点，成为标准长度（电影或戏剧的标准为一至两个多小时）甚至长篇故事（如500页的小说或多季电视剧），那么故事的叙述将根据递进原则来塑造。

在多个转折点的案例中，故事向高潮和人物需求得到满足逐步推进，一系列转折点驱动主角远离（负）或接近（正）欲望对象。在标准长度或者长篇故事的动态中，不同层次的对抗力量的力度和集中度增强，从而加大了故事的深度和广度。使情况变得复杂的因素越来越强，促使主角更深入地挖掘自己的意志力，以及心理、情感和生理三个层面的能力，为了找回生活的平衡付出更多努力。

场景在故事价值观的正负两极之间动态移动，同时围绕渐进变化并且充满冲突的风险形成弧光。在追寻欲望对象的过程中，主角失去的越来越多。随着角色的挣扎逐渐递进，敌对力量也逐渐累积，制造出更大的危险。对主角内在能力的要求越来越高，主角面对的抉择也越来越困难。故事沿着这样的路线推进，最终达到高潮。

AMC出品的86集电视剧《绝命毒师》在全球范围内享有盛誉，让我们来看一看它如何成为上述宏大结构的范例。

故事的第一个小时内，主角沃尔特·怀特（一个从不吸烟的男人）发现自己罹患晚期肺癌。能够为家庭提供支撑的日子所剩无几，他利用自己出众的技术知识创立了一家公司，制作比竞争对手更精炼的产品。面对靠不住的合作伙伴和残忍的竞争对手，这并不是一项容易的任务。

原料短缺和供应链封锁这两个问题一直困扰着沃尔特。此外还有一切企业家都要面对的麻烦：政府监管。在沃尔特的故事中，他要应付的是美国缉毒局。

和所有白手起家的人一样，沃尔特周围的人在他的聪明才智面前觉得受到威胁，又无法理解他的愿景。

在打造商业帝国的过程中，沃尔特的个人生活也遭遇了重大挫折。他既要应对妻子的背弃，又要和身为缉毒局特工的妹夫斗智斗勇。越来越大的风险考验着他的意志力；而越来越可心的回报驱使他继续向前。这一季的高潮是沃尔特为家人提供了慷慨的生活保障，救了搭档的命，并一举摧毁了最强劲的敌人。

下一章中，我们将故事的八个阶段应用于目的型故事。后面几章将利用故事的驱动力加速实现市场营销的诸多使命。

第六章 目的导向型故事

The Purpose-Told Story

前面两章中，我们探讨了从远古神话到21世纪的电视连续剧，每个故事中深藏的事件设计。本章，我们将把这种古老范式引入21世纪的创新市场营销中的对应部分，即目的导向型故事。首先，让我们对虚构型故事和目的型故事进行比较分析，主要聚焦于后者独有的构成元素。

虚构型故事与目的型故事

长篇与短篇

最早的时候，当部落的人们聚集在篝火边时，讲故事的人就确定了故事的标准时长。他们的依据是单次就坐时长，即人们在一个地方能舒舒服服地坐着，专心致志听故事而不走神的时间。这个从实践中得出的结果后来就成为了传统的两小时左右的演出长度，包括戏剧、歌剧、芭蕾和电影，都是如此。

也有一些罕见的例外，比如尼尔·奥拉姆长达24小时的戏剧《偏见》（The Warp，参见吉尼斯世界纪录）。抛开这类情况不谈，单次就坐时长原则解释了为什么作家要拆散他们的长篇作品或者长篇电视剧，比如《战争与和平》（War and Peace）、《黑道家族》（The Sopranos）等，分割成便于吸收的单元，也就是今天我们所说的章节和分集。

与长篇虚构作品不同，目的型故事会缩略事件。典型的商业故事是在三十秒电视广告或三分钟YouTube视频中讲述的迷你故事。通用电气的"欧文怎么了"和多芬的"真美素描"分别是这两个类型的绝佳范例。

假如我们用转折点来衡量的话，长篇小说有多个故事线，时刻驱动着数以百计的转折和冲突。而营销故事则不然，目的型作品通常只用一击就在预期和结果之间拉开巨大鸿沟，有时会有两次这样的转折，但基本不会超过三次。

模糊记忆和细节记忆

故事会留下印记。正如之前提到的那样，人类心智是不断创造故事、存储故事的机器。因此，故事在记忆中留存的时间要远远超过事实和数据，并始终栩栩如生。但是大部分虚构作品的故事相当庞大，读者或观众能记住的不过是故事的大致情节和部分人物的浮光掠影。除此之外那成千上万的细节要么模糊不清，要么被全部置之脑后。

简洁紧凑的目的型故事更容易被人们记住。品牌故事或者旨在刺激需求的故事最重要的细节就是品牌或商品的名字。如同乐迷的脑海中会循环响起心爱的音乐一样，一旦消费者想起对某种产品或服务的需求，与之相关的目的型故事就会在他脑海中不断回放。

满足与行动

虚构型故事将受众带入闭合圆圈之中，让观众全身心地投入；目的型故事则将这个圆圈打开一个缺口。两种模式的出发点都是引起好奇心和共鸣（激励事件），在过程中不断深化受众与故事的联系（复杂渐进）。但是到了需要收获结果的时候（危机/高潮），虚构型故事让受众的体验完整画上句号，而目的型故事会在这个基础上多走关键一步：目的型故事的受众会将这种故事化体验带入现实生活中，每次购买相关产品或服务时，都会重新体验一遍这个故事。换言之，目的型故事的最终目的就是将故事高潮的美学体验转化成市场中的有效行为，即把受众变成消费者。

最好的目的型故事和虚构型故事都用有意义的情感体验满足观众。在故事中，我们为那些之前从不觉得好笑的事情发笑，为那些从不觉得悲伤的事情落泪，最重要的是，无论是哭还是笑，我们对生活产生前所未有的洞见，而这一切都包裹在一种我们从未体验过的情感当中。想法和情感融为一体，无论大小多寡，都为我们的内心生活增添了一个丰富的维度。经过美妙故事的洗礼，我们的人格更完整了。

单一体验和重复体验

虚构型故事和目的型故事的最关键区别是这样：虚构型故事在单次叙述中完成了它的使命，而目的型故事则在消费者脑海中不断重现，每购买一次产品或服务，故事就会重复一次。目的型故事不仅驱动消费者进行初次购买，而且驱动消费者不断进行重复性全价购买，由此获得利润。

集中的体验能够令人感到愉悦，是因为它带领我们穿越时间，让我们忘却时间的流逝。我们对时间的感知是如此主观，以至于演奏乐器、看喜欢的球队比赛、打电子游戏或者沉浸在引人入胜的故事中都能让时间从我们的意识中消失。无论是一出好戏、一部好小说还是电影或者电视剧，故事的力量都会将我们卷入时间漩涡中。直到这魔法般的咒语消失，我们看看手表，面面相觑："哇，已经过去三个小时了？"一些故事的死忠粉丝甚至会反复回到他钟爱的经典作品中，一次又一次重新体验。尽管如此，每次故事高潮过后，受众又会被打回到日常生活当中。

以市场为目的的故事同样能吸引人的注意力，将时间的概念抹去；它还可以不断在受众的脑海中重复，不受时间限制。大众对目的型故事的重复讲述会产生连锁反应，也就是口碑。虚构型故事也有同样的作用，但区别在于大部分作品没有品牌的生命周期那么长（除了《星球大战》等个例）。

作者忠诚和品牌忠诚

读者对虚构型故事的忠诚对象是故事作者。读者寄希望于作者的下一部作品还能给他们带来这种快感。但目的型故事的受众对作者漠不关心，而对品牌或产品产生依赖和忠诚。品牌忠诚度以及作为结果的重复购买，都源自目的型故事创造的镜像体验。

镜像体验

精彩的故事能够同时创造两种互为镜像的体验：理性体验和情感体验。

理性镜像体验始于好奇，并终结于好奇。故事的激励事件挑逗观众的理性，不断制造问题："接下来会发生什么？再接下来呢？故事的结局是什么？主角能得到他的欲望对象吗？"理性镜像体验映射出我们在生活中也会问自己的想法和问题。正如莎士比亚所言：故事给自然立了一面镜子。

情感镜像体验始于共鸣，也终结于共鸣。当故事的主角由内而外地散发出人性光芒的时候，这种"善"的内核吸引观众本能地和这个人类同伴产生联系。观众迅速在潜意识里陷入对主角的认同，也就是我们所说的共鸣。正如我们在前一章中讨论过的，对于目的型故事来说，共鸣是不可或缺的。假如失去这一层根本联系，故事就无法驱动任何人采取行动，更谈不上驱动消费者购买。[1]

在虚构型故事中，情感镜像体验有两个步骤。目的型故事比虚构型故事多一个步骤。

第一步，认同。当目标消费者意识到他和主角之间有共通的人性的时候，他的直觉会遵循亲近的逻辑："那个角色和我同样为人，所以我希望那个角色得到他想要的。如果我遭遇了相同的处境，我也想得到它。"换句话说，观众同主角建立了情感纽带。[2]

第二步，潜意识互换。一旦目标观众对主角产生认同，他就会感觉这是他自己的故事。因此他会用现实生活中的欲望来代替角色在故事中的欲望。他站在主角一边，支持主角得到故事中的欲望对象，从而间接地接近自己在现实生活中的欲望。

受众本能地感觉故事中的事件仿佛发生在他自己身上。当故事线发展的时候，他感受到从负到正的转变，问题逐渐得到解决，直到故事高潮间接地满足了他自己的需求。

为什么叙述得当的目的型故事会产生持续的效用？这种潜意识里产生的从虚构到自我的镜像互换简单地解释了缘由。

第三步，重新演绎。潜在消费者的镜像体验激励他采取行动。消费者想要重新体验目的型故事带来的正面改变，于是他选择购买故事中植入的产品或服务。在故事之后发生的这种重新演绎不仅满足了消费者的需求，也达到了营销者的目的。简而言之，受众的确变成了消费者。

科学背景

要想理解镜像体验是怎样发生的，它为什么能行之有效，我们还需要往回追溯，来看看神经科学是如何看待故事的。

正如第三章中提到过的，布罗德曼第10区是大脑中最庞大的区域，负责回放记忆、逻辑思考、解决问题、做出选择并且规划行动。大脑中的其他部分负责执行这些决策，但是决策背后的思想只存在于布罗德曼第10区。在这一区域中，过去流向未来。[3]

人的心智会记住过去经历的因果关系的模式，借此规划未来的行动方针。在过去的事件长年累月的影响下，我们了解事物如何运行，世间各种力量如何相互连接。当新的情况出现时，心智会根据以往积累的模式，想象出接下来可以采取哪些行动，并预测出这些行动可能会产生的后果。

将过去的遭遇和对未来的预期连接起来的过程不只关乎实际发生的事实，它同时还包括虚构的经验。当故事吸引住人类心智的时候，与之相应的事件同样在大脑布罗德曼10区中上演。记忆功能紧接着把这些镜花水月的事件标记为"似乎如此"，和真实事件一起储存起来。随着时间的推移，"似乎如此"渐渐淡化为"确实如此"。应对未来的时候，理性不会刻意区分这些记忆是虚构还是事实，而是聚焦于这些记忆中相通的子结构。人的意识将"确实如此"和"似乎如此"背后的因果关系抽象出来，融合在一起。如此累积的关于因果的知识将在未来派上用场。

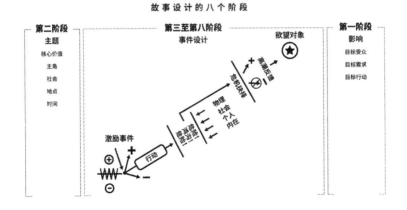

故事设计的八个阶段

每个人都按照自己对概率的感知采取行动。个体在现实世界和虚构世界中的体验的总和会告诉他某一行动可能会产生怎样后果。通过这种独特的心理机制，故事为我们提供关于决策与反馈的洞见及指导，由此逐渐构建出未来决策的参考框架。聪明的营销者能够利用目的型故事影响这种行为倾向。

创作目的型故事

创作目的型故事和虚构型故事一样，同样经过八个阶段。与后者不同的是，目的型故事力求在消费者心中制造镜像体验，最终导向盈利性的重新演绎。目的型故事的弧光带领消费者从生活中的某处缺失走向圆满，从需求走向满足。

第一个阶段：三个目标

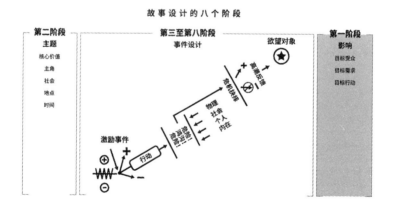

故事设计的八个阶段

和在第四章概述的一样，设计故事的第一个阶段是确定目标受众。虚构型故事的作者通常会扩大受众面，但目的型故事的创作者则不然。作为营销者，你必须很确切地知道瞄准的是哪类群体，这包括确定目标市场及需求是什么，并且确定最重要的结果——目标行动是什么。

第一步：研究目标受众群体

在这个大数据时代，目标市场的人口统计数据（包括消费者、客户或投资人的年龄、性别、教育、收入等）都可以轻易获得，就算没有，也不难通过研究发现。

第二步：定位需求、欲望和问题

接下来需要发掘的是隐匿在消费者内心深处的深层需求。大数据能够告诉我们一个人表面上看起来是什么样子，但这并不是他们真正的样子；调查问卷告诉我们他们的架子上放着什么，但是无法告诉我们他们心里面放着什么。

要想设计一个最有效率也最强大的营销故事，就要跳出人口统计数据的窠臼，问问自己那个广告从业者的经典问题："哪里才是痛点？"

这就是史蒂夫·乔布斯的天才之处。他看得到别人看不到的东西：电脑卖相丑陋。他说戴尔公司的产品是"毫无新意的米色盒子"。[4]他说得对。戴尔当时的塑料机组盒非常笨重，布满电线，看着都很难受，更别说带着这样一部电脑到处走了。乔布斯察觉到消费者潜意识中想要但是并没有清楚意识到的东西：独一无二的身份。消费者希望在别人眼里，他们是具有创造力和反叛精神的精英。于是他创造了一款又一款象征这些品质的产品，无论走到哪里，无论放在桌子上还是口袋里，它们都显得那么美丽动人、优雅别致。乔布斯对手机的创新唤醒了人们潜意识中的无声需求。苹果公司将他的蓝图不断故事化，创造了一系列绝妙的广告，给我们留下了品牌营销的一段佳话。

若想找到故事的目标受众想要什么，不妨问问："我的目标受众痛点在哪里？哪些东西是他需要而不自知的？有什么隐藏的问题亟须解决？"

第三步：设计目标行动

无论营销故事多么受人欢迎，如果人们把它当作虚构型故事，看完就抛到脑后的话，这个故事终究是无足轻重的。多芬的"真美素描"故事讲得如此深入人心，以至于人们涌入商店购买多芬香皂，销售额简直令人瞠目结舌。

营销人员应当想清楚，你想让目标受众看完故事之后采取怎样的行动。如果你讲述的故事是针对企业客户的，也许你的目标行动是让客户签订合同；如果你的故事针对的是潜在消费者，你大概希望他们把商品拿到收银台结账；如果你在经销大宗商品，也许你想让顾客走进展示厅，好让销售团队大展身手；如果你提供专业服务，你大概想让人们访问你的网站，进行预约。如果你在进行品牌营销活动，你的目标行动则发生在受众的脑海里——你要让受众从不知道这个品牌到产生品牌认知，必要的时候可能还要让他们对品牌的印象从负面转向正面。

　　尽管这些目标看上去似乎显而易见，但是很多营销活动距离实现目标还差得远呢。他们不愿意花时间弄清楚自己的目标是什么，只是一个劲儿地自吹自擂，夸下海口，求他们的用户："来买吧！"

第二个阶段：主题

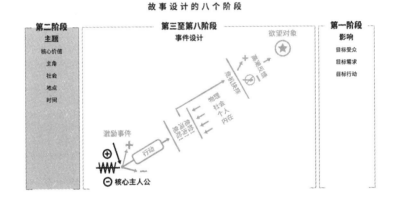

故事设计的八个阶段

　　确定故事主题需要三个核心步骤。

第一步：发现核心价值

　　在第一阶段中识别出消费者未被满足的需求，导向第二阶段中的第一步：满足痛点，找出最能够戏剧化呈现解决方案的核心价值。下面将以多芬的"真美行动"为例，它的故事化营销把品牌从濒临消失的边缘拉了回来。

正如我们在前一章的情感创造部分阐述的那样，奥美广告公司洞悉了目标受众的激励事件和欲望对象，产生创作灵感，围绕自我批评/自我欣赏这一核心价值编织了一个目的型故事。2013年4月14日，这个名为"多芬真美素描"的三分钟影片首度和受众见面。故事成功地呈现了核心价值的动态变化，和多芬的受众紧紧联系在一起，在YouTube上收获了高达97.6%的正面反馈。视频如病毒般传播，点击率在一周内超过了1500万次，不到十天内就飙升到3000万次。两个月内，这次营销活动在全球内收获了1.63亿次播放，并在戛纳国际创意节上赢得了钛狮大奖。最终它的媒体形象高达46亿，销售额几乎翻了一番。[5]

第二步：选择主角

所有的企业都可以根据基本业务分为以下三个类别：资源开发、产品开发或提供服务。虽然有一些企业涵盖三种业务，但是每个企业都有一项业务是永远不会外包的，这项业务就是它最真实的属性。营销活动的传统就是致力于传播推广品牌的这个独特属性。因此，营销者通常会根据企业的主营业务，从上述三个类别中选择最契合企业核心属性的一个作为主角。

1. 资源中心型企业

资源中心型企业依靠有效地开采某一自然资源或者原材料，在竞争中取得优势。例如，矿业公司开发地球蕴含的矿物质，制药企业在生化领域进行创新。每当矿物从地底被开采出来，或者某个生物学的秘密被发现的时候，资源中心型企业就对这种资源享有垄断，从而占据市场。这些资源的最终消费者此时似乎还完全不明确，他们大概正坐在遥远的千里之外，距离产品之间还有制造、包装、销售等许许多多道工序。这种情况下，B2B营销就会把公司作为故事主角，讲述自身的故事。

这并不是一项简单的任务。要想为一个庞大企业精炼出一个人格，难度不亚于把美国五十个州精炼成一个山姆大叔。若想完成这项任务，就要求营销者在创意上出奇制胜。

2. 产品中心型企业

产品中心型企业建立竞争优势的途径是创造出性能更好、更美观、更便捷、更耐久的产品。这类公司的营销故事通常把产品作为主角，给它配上拟人化的声音、个性或人格。举例来说，在苹果的"来个苹果机"（Get a Mac）营销活动中，贾斯汀·隆饰演了诚实可靠、通情达理的Mac，约翰·霍奇曼则饰演阴险狡诈、装模作样的PC。在宝洁公司的故事中，"干净先生"的动画形象模仿当代的大力士赫拉克里斯，或者是藏在灯中的灯神，随时准备搞定宝洁面对的一切家务难题。

3. 服务中心型企业

服务中心型企业依靠更高水平的服务超越同业竞争者。如果它能提供更高质量的服务，医疗、金融或是法律服务的终端用户就会更健康、更富有或更安全。服务业从业者将自己的才华与技能用于为客户提供更优质的服务，于是营销活动习惯将这些专业人员塑造成帮手，而非英雄；与之相对，客户则被塑造成了主角。非政府组织、慈善机构和政府等非营利性机构也适用这一规律。

上个世纪，上述三种选角策略都被营销人员奉为圭臬。然而互联网的兴起改变了这一规则。当买家在网上给零售商打分的时候——有时候会给好评感谢卖家，但是大部分是给差评——一切都不一样了。口碑反馈更加实时，并且传播速度更快。于是，以客户为中心成为了现代营销的不二教条。今天的一个又一个营销案例中，企业都被塑造成服务者（不管他们究竟是不是），而消费者则被塑造成了主角。

很好。以消费者为中心的故事在全球商业领域中掀起了一场积极的变革。只要这些故事有创意、吸引人、不阿谀逢迎，故事就会产生正面作用。最重要的依旧是诚实。千禧世代和Z世代消费者痛恨胡说八道。

必要的共鸣

如果你塑造的故事主角无法让目标受众产生情感共鸣，他就不会留意你的故事到底怎么样。他不听，不认可，更不会采取行动。共鸣必不可少。这个基本原则不言自明，但每当一个无法引起共鸣的故事需要推翻重写的时候，营销人员的反应通常是这种典型的自说自话："不管这个故事是不是陈词滥调，只要我们的核心角色看着跟典型客户差不多，情感上的共鸣自然就来了。所以选角一定能拯救平庸。"无数次痛苦的经验证实这种逻辑有多么荒诞不经。以消费者为中心并不等同于选一个普通人当主角。消费者想要的是天然的亲近感，不是

刻板的模仿。[(6)]

实际上，对大多数企业故事来说，唯一理性的选择就是以他们的产品或者公司为主角。这种情况下，故事就必须以产品或公司的视角展开。若想成功完成任务，故事创作者就要解决这个挑战：如何在消费者和故事主角（要么是没有生命的事物，要么是非人格化的机构）之间构建起能够产生共鸣的连接呢？

以产品为主角

根据定义，主角必须具有做出主观选择的自由意志。但是产品却只是客观物品，没有自我意识，没有意志力，更不会做出选择或采取行动。营销人员通常会利用幻想来解决这个问题，找演员或者动画角色来扮演拟人化的产品，或者像绿野仙踪里所描述的世界那样，为物品赋予生命。最近Pier1、Nest Labs和Geico保险的广告活动都采用了这种方式，主角分别是会说话的茶壶、唠叨的郊区住宅和上蹿下跳的澳大利亚蜥蜴。

创造幻想的世界和角色需要想象力、创新精神和富有创造性的执行力。很多营销活动畏难而退，放弃了故事这种方式，直接让代言人吹嘘或承诺那些不一定有的产品功效或是服务质量。

以企业为主角

正如上一章中提到的，主角内心深处的人性闪光点塑造了故事中"善"的核心，也是引起共鸣的磁石。若想把企业打造成令人感同身受的故事主角，营销人员必须找出企业的首要价值。这项价值必须对企业至关重要，如果失去了这一价值，企业将不复存在。其次，营销人员要把作为主角的企业形象和这项首要价值结合起来，让主角的选择和行为构成故事。

但是在实际操作中，企业扮演主角通常会让故事显得空洞。有些公司选择冠名体育场馆来给自己的名字增添亲民度。公关公司通过给心脏移植手术捐款让客户和慈善扯上关系。慈善活动成为新闻通稿的素材，但通常无法战胜消费者对跨国企业的反感。所以要记住，善意通过行动表现，而不是通过联系。

不过公司使命讲述了另外一个故事。星巴克、宝洁、荷兰皇家帝斯曼这样的企业会主动承担起社会职责，资助有需要的学生、参与灾后重建和第三世界医疗援助等社会服务。这些使命故事让企业成为有人情味儿的主角，引起受众的共鸣。更重要的是，它们和充满自我感动的公关材料完全不同。由负到正的自然弧光让这类目的型故事毫无做作。

以品牌为主角

每个人从身处的文化中获得自己的身份定位。被问到"你是谁"的时候，人们会说出自己的国籍、种族、宗教、职业或者婚姻状况，以及喜欢的音乐、电影、书籍、艺术、饮食或者是球队，或许还会加上一些独特的个人经验或者个人成就。但是这些也是从出生开始就被周围的文化影响着的。直到今天，现代化的生活给身份定位增加了一个维度：品牌。20世纪前半叶，人们一度习惯把产品上的商标藏起来或者直接剪掉，但如今却恰恰相反。

第二次世界大战后，品牌认同和随之而来的商标现象在纽约麦迪逊大街上率先成型。今天，人们已经习惯把品牌商标穿在胸前。这些商标不只宣传了品牌，也同时展示着商标主人的品味、阶级、政治倾向、性征、个性等等。

不管品牌是资源中心型、产品中心型还是服务中心型，通常都要比第三世界国家还要庞大复杂。它同时代表着作为背景的企业和作为前景的生活方式。每个品牌都在世界中表达着独特的存在感，以及它制造的独一无二的气场：IBM代表天才，百威代表好时光，路易威登代表奢侈。这些基本品质是通过几十年的辛勤耕耘树立起来的。如果营销故事的主角是某个公司或者产品，那么主角的个性应当和品牌的气场一致，与之相关的故事也应该强化这种个性。(7)

避开特权阶级

当你选择主角的时候，一定要记住人性中自我矛盾的地方。一个人可以从任何事物中找到自己的标签，不管是破洞牛仔裤、钻戒、巨无霸汉堡还是高级料理。人们用产品来界定自身形象的时候，并不代表他们对制造这些产品的企业有什么感情。人们对权力毫无共鸣。人们尊重权力，仰赖权力的庇护，反抗权力，崇拜权力，但不会和权力产生共情。比方说，最富裕的人群往往需要奢侈品来确认自己的身份。尽管他们在生活中身居高位，但是夜深人静独自躺在床上的时候，他们内心深处仍然觉得自己是个失败者。这种感受是放之四海皆准的。

当人们在世界中寻找自己的位置的时候，他们本能地感觉到，他们要对抗的力量从爱的变幻莫测到死的不可避免，无穷无尽，势不可挡。当我们面对生活中的一切不如意的时候，所有人都或多或少，时不时地感觉自己是个失败者，无一例外。

当故事的激励事件打破了主角生活的平衡时，观众应当感觉到他同样在对抗强大的反面力量。失败者的感觉要比其他一切都更能让人产生共鸣。所以无论什么情况，都要避免让特权阶级成为主角。如果以企业作为故事主人公，不要吹嘘它的规模、覆盖率、财富或影响力。如果以产品作为故事主人公，不要夸耀它的新奇、时尚或名望。世间对成功人士是难以共情的，请以优雅的谦卑姿态做营销。

第三步：创造背景设定

社会和物理位置

目的型故事中的社会和物理设定包罗万象，从概念到具体、从动画到真实、从独立个体到庞大社会都囊括其中。我们接下来将对苹果公司的两个广告故事进行比较："来个苹果机"和"误会"。

"来个苹果机"营销活动从2006年一直活跃到2009年，讲述了66个30秒的故事，取得巨大成功。每个故事中都有两个角色，分别象征着竞争电脑品牌，站在极简主义的奶白色抽象背景前。一个角色身穿休闲服（贾斯汀·隆饰），自称是台苹果电脑。另一个则西装革履（喜剧演员约翰·霍奇曼饰），自称是台PC。在每个迷你故事中，两台"电脑"之间迅速产生矛盾，然后经过一次转折点，最终以苹果电脑的胜利作为结局。"来个苹果机"系列营销活动最终斩获了2007年

的艾菲大奖。⁽⁸⁾

在"误会"中，营销者以现实主义的手法逼真地描绘了住在郊区的一家人庆祝圣诞的场景。广告通过自然的画面讲述了一个不合群少年的故事。少年在热闹的家庭聚会中，整日只是低头摆弄自己的苹果手机。随后故事产生出人意料的转折，少年实际上一直在用苹果手机编辑一段短视频，庆祝这个充满欢乐的家庭节日。这则广告在2013年圣诞期间循环播放，并在创意艾美奖上赢得优秀广告奖。

故事的物理和社会设定限制了故事的范围。在这个特定的世界中，只有特定事情是有可能发生的。

地点和时间

广告从业者有时把故事设定在过去，有时设定在未来，有时甚至设定在一个超越时间的世界，比如利用格林兄弟或者安徒生的童话世界展示洗发产品（《长发公主》）和卧室家具（《豌豆公主》）。但是在大多数目的型故事中，熟悉度和亲近度影响着故事的时代设定，因此大部分都发生在符合当代现实的情境中。

时间跨度则完全是另一套规矩。故事有魔法，可以像活塞似的压缩时间，甚至能把一小时压缩成一瞬间。比如说，一则电视广告可以在三十秒之内讲完一个婚礼的故事；一份投资企划书可以把几十年的经营历史浓缩进几页纸里。这对营销人员是非常有利的。你可以灵活地选取主角生命中的任意跨度来创作你的故事。

第三个阶段：激励事件

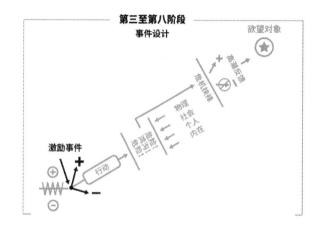

激励事件在突然间让主角的人生失去平衡，掀开故事帷幕，将核心价值的负荷正负颠倒。这一出人意料的时间迅速抓住受众的好奇心，并让他心里产生了一个问题："最后会怎样？"正是这个问题拉着他一路跟随故事发展，因为故事的答案就藏在故事高潮之中。

对于目的型故事，激励事件的特性和它所造成的失衡取决于主角的天性。比如说，如果你的主角代表一个企业，那么相对应的激励事件可以是并购、收购或者诉讼；如果主角是一款产品，那么初始事件可以是创新，也可以是淘汰。如果主角是消费者，那么你可以在人类可能会面临的一切事件中做出选择，从孩子出生到亲人去世都在考虑范围之内。

但是不管你赋予主角怎样的个性，他对激励事件的反应都应该激起观众的共鸣和关心，让他成为故事的善意核心。利用好奇和同理

106

心双管齐下，你就能把观众的一时兴趣转化成吊胃口的悬念，给第五阶段的突然转折打下基础。

不仅如此，从观众的角度来看，主人公生活中突发的命运转折也折射出受众的生活和他的目标需求，亦即营销者在研究故事设定时发现的消费者未被满足的欲望。这个"钩子"成为镜像故事的开端，带领受众一步步走向故事的高潮，并最终采取行动。

下面我们以"12月21号"营销活动为例，这是李奥贝纳广告公司马德里分公司为西班牙国家彩票（SELAE）创造的活动。

先简单介绍一下背景，西班牙的圣诞彩票是全球第二古老的彩票，从1812年运营至今。两个世纪以来，它已经成为了一种国家级现象，每年有75%西班牙人参与年末抽奖。[9] 2016年，西班牙一年一度的圣诞彩票产生了26亿欧元销售额。[10]

圣诞彩票的操作规则和其他彩票不同，它由从00000到99999的十万个可能中奖的号码组成。头等奖（又称El Gordo或者"胖子奖"）给每个中奖者发放四百万欧元奖金。2016年共有165位"胖子奖"得主，他们总共赢取了高达6.6亿欧元奖金。[11]

每张彩票售价200欧元，超出了个人对彩票的购买能力。但是每张彩票下面都包含十张打孔小票，叫做"décimos"，鼓励人们一起买一张彩票，如果该彩票中奖，每张"décimo"就可以分得10%。彩票的这种策略让亲朋好友为了共同的梦想在圣诞佳节紧密连接在一起。

近些年来，社会分裂在西班牙已经不只是政治议题，而成为了社会现实，一部分原因是受加泰罗尼亚独立运动的影响 。这种分裂倾向给共同购买彩票的模式造成了很大的威胁。组团购买彩票的人会不会越来越少？如果是这样，买彩票会不会被视为自私行为？西班牙国家彩票讲的故事不仅防止了这种风险，还把彩票塑造成能够让人们团结在一起的商品。

"12月21号"的故事开始于一个西班牙海滨城市，一位宠爱孩子的老奶奶正在给孙子准备早餐。她小心翼翼地把水果、面包和牛奶在托盘上摆好，送进孙子的起居室。

孙子这时正忙着玩手机，爱答不理地对奶奶说自己不饿。这时，房间里的电视吸引了老奶奶的注意力，电视中的主持人正在实时直播"胖子奖"的抽奖过程。

奶奶跑去翻出她买的彩票，惊喜地发现手中一个又一个号码被主持人开出。她不知所措地冲出房子，去找和自己一起买了这张彩票的邻居。

老奶奶刚一走，电视上的主持人话锋一转，解释说："这就是去年的抽奖情况。明天我们将迎来今年的大日子，敬请期待。"

老奶奶的儿子走进房间，问仍然心不在焉的孙子："奶奶去哪了？"孙子说："去找她朋友了。她以为自己中了奖。"儿子感到情况不对，马上出门去追老奶奶。他的生活在此刻失去了平衡。

奶奶的误会形成了整个故事的激励事件。它抓住观众的注意力，让他们忍不住去想："接下来会发生什么？"这场戏同时建立起对主角的共鸣。故事继续发展，镇上的人们，也就是买彩票的人集体成为故事主角。儿子身为集体中的一员，脸上写满了对老奶奶的担心，让观众感同身受。作为观众，我们意识到如果自己的奶奶老糊涂了，以为自己捡到了天上掉下来的馅饼，我们也会想要保护她，不让她受伤害。还要想办法让她接受自己没中奖的现实，就像广告中的儿子冲到街上去追老奶奶一样。

第四个阶段：欲望对象

第四阶段聚焦于故事趋近高潮时观众的好奇心和同理心。想要找回生活的平衡，主角就必须实现特定目标或者得到特定对象，也就是我们之前称为"欲望对象"的故事元素。和激励事件一样，目的型故事中的欲望对象也根据主角的设定而有很多种可能。它既可以是具体实物，比如一台新的苹果手机，也可以是能够改善生活的情境，比如经济保障、升职加薪，甚至可以是更抽象的事物，比如一段发生在梦中的恋情。要想讲一个独一无二的故事，就要把自己的知识和想象结合起来，问自己一个问题："我的品牌、企业、产品或消费者究竟想要什么？"

得到问题答案之后，再问自己两个问题："这个欲望对象和故事

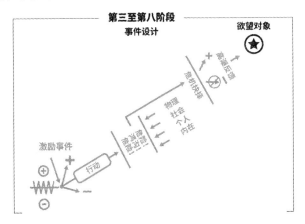

的核心价值（比如正义/不公或富有/贫穷）有什么关系？再进一步引申，这个故事的核心价值和公司的核心价值有什么关系？"你的答案并不需要严丝合缝地匹配，但是它们也不能相差太远。价值和欲望必须互相映照，这样才能把故事和创造它的企业结合在一起。

无论欲望目标是实物还是情境，主角都必须得到它，重新平衡自己的生活。这种欲望驱动主角前进，从而让你的故事充满力量。

在"12月21号"中，整个小镇的欲望对象就是让老奶奶免于尴尬和失望。为了实现这个目标，越来越多的人同心协力，一起执行一个越来越复杂的计划。随着故事的展开，核心价值渐渐明朗，那就是孤立/团结。它引领我们从祖孙之间几乎零交流的开场推进到一个非常不同的结果。

第五个阶段：第一个行动

第五个阶段中，你的主角要开始自己的行动了。为了得到欲望对象，主角就要按照自己对概率的预期采取行动。主角有意无意地以语言或者行动作为策略，试图换取世界对他的积极反馈。主角的独特个性决定了他将会采取的独特行动。

因此，目的型故事的创作者必须细致深入研究笔下主角的心理。不仅"角色想要什么"这个问题需要知识和想象力，"我的角色希望发生什么？为了让这件事情发生，他会怎么做？"这类问题也同样需要创作者的知识和想象发挥作用。

让我们再次回到"12月21号"的例子，儿子作为群体主角的代

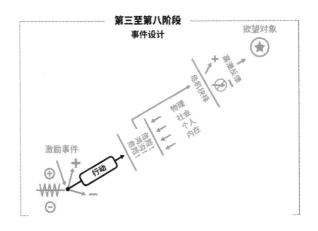

表，采取的第一个行动是他拿着奶奶的外套出了门，想告诉她真相，并给她披上外套安慰她，直到……

第六阶段：第一个反馈

第六阶段违背了主角的预期。他预期的结果和他的世界出乎意料的反应之间产生巨大鸿沟，让主角惊愕不已。第一个反馈或者出人意料，或者强大有力，或者二者并存。

在西班牙彩票的故事中，儿子在一条街上找到奶奶，发现奶奶正在和那个合买彩票的邻居一起雀跃庆祝。儿子和邻居的目光交汇在一起，邻居心领神会地对他耸了耸肩，无声地说：就让老人家开心一会儿吧。

长篇虚构作品会将多个层面的冲突组合在一起，制造这种反馈，包括内在冲突、个人冲突、社会冲突或物理冲突。但大部分营销故事更紧凑，明确将关注点集中在结果上。因此营销故事通常很少会让主角遭遇多个层面的冲突。

开发引人入胜的故事意味着创造和观众有关，并且能够映照出他们生活中的正负二元性的冲突。想想看，我们的生活中充斥着亟待解决的问题，需要满足的需求和想被填充的欲望；可是另一方面，我

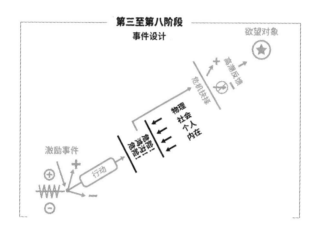

们往往没有足够时间完成工作，距离想得到的东西太过遥远，恋情触礁，久病不愈……

负面力量阻碍主角实现欲望的时候，产生的冲突迫使他深入挖掘自我力量，做出艰难的选择并采取行动。从观众的视角来看，主角故事化的挣扎折射出他们在真实生活中的挣扎，紧紧抓住他们的注意力，加深了他们的代入感并且激励他们去购买。

强大的故事背后的创造力源自让·保罗·萨特所说的稀缺性。世界上的任何东西都如此稀缺：食物总是不够，爱总是不够，时间更是

永远不够。要想满足从最基础到最高级的种种需求，我们必须和阻碍我们得到所求的这种匮乏争斗不休。简而言之，现实的本质是人性对否定和拒绝的不断反击。

试想一下这样一个电视广告，三个简单而愉快的场景接连呈现在你眼前：先是一个快乐的家庭，然后是一个更快乐的家庭，最后是世界上最快乐的家庭。

这样的三连击会产生怎样的反馈呢？刚开始看的时候你或许脸上还挂着笑容，但等到第二幕，笑容就开始僵在脸上，而第三个家庭出现的时候，你心里已经暗暗下决心绝不购买这家的任何产品。当自作多情的广告搔首弄姿的时候，没人会掏出钱包破财。

营销故事从问题推进到答案，而不是直接给出一个又一个答案。正面的故事高潮需要从负面的设定开始。因为无论最后的结局有多圆满，如果过程中始终是积极向上的场景，那么这种冗余的重复就会把观众脑海中的美满场面消耗殆尽。

边际效用递减

理由重复越多次，它就越不重要。

重复会削弱影响力。在实践中，这个原则遵循事不过三的惯例，即一鼓作气，再而衰，三而竭。第一块蛋糕吃起来最香甜，第二块有点儿噎，到第三块的时候就已经很恶心了。同样的原则也适用于故事设计。

故事的头等大敌就是重复。重复引来故事的二号敌人：贫乏。为什么这么多品牌活动陷入无聊的重复——"然后……然后……然后……"？为什么这么多的产品和服务广告打出去几乎没有效果？答案就是，因为他们的故事刻意避免任何一丁点儿冲突。这又是为什么呢？答案：负面恐惧症。

负面恐惧症：对一切负面事物的恐惧

负面恐惧症是营销教育的副产品。自商学院开创以来，营销作为其中一门独特的学科，一直培训营销者要"突出正面，排除负面"。这种常识和良好传统逐渐演变成恐慌，蔓延至企业生活的方方面面，从外部宣传到内部团建无一例外。如今，一个员工对其他人最差的评价大概是："他太负面了。"

被评价为"负面"的这家伙十有八九只是个能看清真实世界的现实主义者，包括好的一面和坏的一面。但是企业的一个个格子间里，那些害怕面对尖锐现实的人总会避开那些能够认清现实真相的人。负面恐惧症患者对真实不屑一顾，而目光短浅的代价就是他们的职业生涯通常不会太长。既然如此，为什么有人会以职业生涯为代价，忽视那些真实存在的负面事实呢？有三个主要原因：

第一，如前所述，商学院教育要求营销者保护品牌远离任何反对意见。

第二，浸淫在过度保护文化中的人们过分敏感，认为世界的真相令人不快甚至令人惊恐。

第三，为求自保。

想想这样的一个例子，如果一则广告始于新鲜刺激的负面激励事件，在高潮时迎来辉煌灿烂的正面爆发，但不知道为什么并没有转化成销量。这则广告失败的原因可能藏在从创造到发行中涉及的任何环节，但是指责却会立刻落到批准负面开场的那个人身上。

为了避免背黑锅，高级营销人员的自保方式是拒绝批准任何可能被认为是负面的元素。这真是一个令人遗憾的结果，负面恐惧症不仅扭曲了他们的商业判断，更葬送了品牌推广原本能够实现的影响力。

否定原则

引人入胜的营销故事从不回避生活中消极的那一面。故事要么在第二个阶段建立起负面基础，也就是在激励事件打破主角生活平衡的时候；要么在第六个阶段，当故事的反面力量突然对主角形成阻力的时候。

这个出人预料的转折让主角和观众的脑海中同时冒出这个问题："为什么？！"好奇心驱使他们更深入地审视故事中的社会和背景设定。当他们找到答案的时候，他们终于洞悉了与主人公的欲望相悖的真正力量，以及主角身处的世界的真实面貌。消费者喜欢以这种故事化的方式自行发现真理。他们想用自己的双眼看到真相，而不是被别人告知什么是真相；他们想发现出人意料的生动事实，不想坐在教室里听课。

这种洞察让消费者的镜像故事同样得到答案，走向自我需求的满足。虽然消费者还不知道最终的结果，但是他知道答案就在前方，不能扭头看向别处。哪怕是在这个注意力涣散的时代，这种好奇心也会牢牢抓住潜在消费者的注意力。

营销故事通常都很简洁。主角和他追求的欲望对象之间往往只有一个转折点。

　　但是在类似"12月21号"这类长一些的故事中，第五个阶段和第六个阶段是递进式发展的。

　　在第六个阶段中违背了主角期待的对抗力量现在正挡在他的欲望对象前面。但与此同时，意料之外的反馈也让他对自己的世界产生了全新的理解。在第七个阶段，他将基于这一洞察采取最终行动。

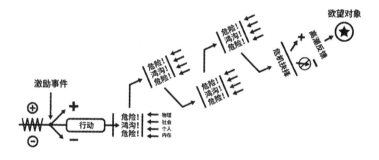

递进式差异变化

第七个阶段：危机抉择

　　第七个阶段将故事推向危机，也就是张力和悬念最大的时候。主角根据他新获得的知识选择了新的策略，他希望借此引发的反馈能够让他得到欲望对象。

　　在大部分虚构型故事的这个阶段，主角陷于两难境地之中，被迫

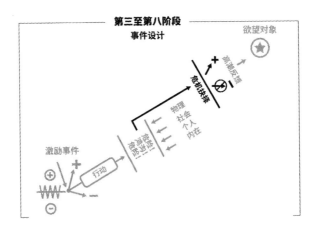

在两个矛盾的正面选项或者两个都令人反感的负面选项中做出抉择。

　　但是目的型营销故事绝非如此。主角在第六个阶段洞悉的知识清晰地指明了通向欲望对象的路径。他已经想出了新的策略，并且即将付诸实践。

　　当主角采取行动的时候，张力达到顶峰，观众感知到世界的下一个反馈将为最戏剧性的问题提供解答："最后会发生什么？"

　　在"12月21号"中，事件层层递进，直到主角们意识到这一天快要结束。一顿美妙的龙虾大餐之后，他们知道奶奶很快会发现并没有400万欧元奖金等着她。她的儿子决定告诉奶奶真相，并想好了开口的方式。

第八个阶段：高潮反馈

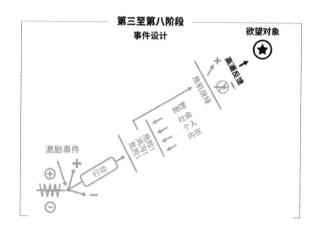

第八个阶段负责履行诺言。主角的第二个行动唤起了世界对他的积极反馈，让他得到欲望对象，使生活重归平衡。这一高潮事件不仅满足了观众情感上对故事结果的好奇心，而且还戏剧化地让他们意识到，如何解决自己生活中的镜像问题——自己该如何满足欲望。

在"12月21号"故事的前半段，儿子第一次试图保护母亲的行动失败了。他和邻居普里商量在酒吧庆祝奶奶"中奖"。对抗力量立刻出现：酒吧老板和其他客人知道彩票还没开奖。路人的随口一句话都有可能粉碎奶奶奇迹般的一天。当奶奶走在镇上的时候，她的家人朋友提前打电话提醒酒吧老板，确保酒吧里的每个人都知情。奶奶一进门，大家就开香槟为她庆祝。

在酒吧庆祝之后，奶奶起身去美发店问候朋友。小镇上更多人参与到这场行动中来，人们都跟在奶奶身后为她庆贺。

奶奶一度突然问道："为什么电视台的工作人员还没来呀？"她的儿子几乎就要放弃，打算揭开真相了，但他被刚刚还表现得漠不关心的孙子拦住了。这个小伙子被这一天的热情感染，跑去找有摄像机的朋友，让她假装采访奶奶。镇上的人们本以为奶奶这下可以放心了，不料采访结束时，奶奶却突然转向人群，叫大家到灯塔那边一起庆祝。

"12月21号"在最终的反转中落下帷幕。儿子正要向奶奶解释真相，奶奶没让他开口，说："我知道你要说什么。"儿子叹了一口气，以为奶奶知道了真相，并且很失落。出乎意料的是，奶奶从口袋里拿出"中奖"的彩票，对儿子说："但你应该听妈妈的话。如果你收下它，我会更高兴的。"

儿子拥抱了母亲，与普里交换了眼色，他们决定让这场戏继续下去。那一刻，观众得到了启发。意外的奖金不是让奶奶如此激动的原因，她开心的是这件事会给小镇带来欢乐，让他们能够一起庆祝，更好地生活在一起。当屏幕渐暗的时候，我们意识到，不管有没有赢得"胖子奖"，在一整天的冒险之后，所有人都从欢聚中得到了幸福。"12月21号"巧妙地实现了令复杂的剧情渐进式发展，带领观众的注意力抵达故事高潮。

开窍时刻

故事高潮让观众头脑中突然涌入充满意义和感情的洞见。那一刻，观众突然清晰地感觉到："我明白了！"他们的脑海中如电光石火一般，感觉自己突然开窍了。神经科学家通过监测发现，这种"开窍"的状态会持续6—8秒。在这充满奇迹和快感的瞬间中，任何呈现在头脑中的信息都会在记忆中留下印记。因此，聪明的营销人员利用这一时刻植入商标。西班牙彩票在故事的最后5分钟就是这样做的，他们还适时地在商标下面打出了宣传语："没有比分享更棒的奖金了。"

行动号召

开窍时刻的最终效果是把整个故事变成一个强有力的行动号召，让受众在现实世界中复制主角的成功。通过购买故事的核心产品或服务，消费者得以重温这个镜像故事。

明确的故事与含蓄的故事

回顾了故事的八个阶段之后，请注意并不是所有营销故事都需要明确地带领观众走过所有八个阶段。正如我们已经知道的，人类心智的构造既可以接受故事，也可以创造故事。一个关键词或者一个关键的图像或许就能够涵盖整个故事，观众会在头脑中想象出没有明确表达的其他几个故事阶段。

比如，想想耐克的著名宣传语"Just do it"。这三个词暗示了怎样的故事？像下面这样：

"那天我正在爬楼梯，好不容易才爬到最上面（主角及背景设定）。那一刻我突然意识到该锻炼身体了（激励事件），不然早晚有一天我会爬不上去（欲望对象：健康）。我买了一双耐克鞋，开始跑步（第一个行动）。疼痛难以忍耐（第一个反馈）。但是我坚持下来了（第二个行动）。每天我都努力战胜疼痛，直到我减肥成功，感觉浑身轻松，还完成了本地的10公里路跑赛（第二个反馈/高潮）。

"行动号召：买耐克。"

有时故事甚至不需要文字。比如下图这个著名的米其林广告：

看到这则广告，受众会想到怎样的故事呢？大概是下面这样：

"在一个风雨交加的夜晚，我沿着蜿蜒的公路开车（以消费者为主角），家人坐在后排（初始设定的平衡状态）。这时，前面的卡车突然失控（激励事件），让我和家人置身险境（欲望对象：家人安全）。我急打方向盘（第一个行动），轮胎冲进泥泞中（第一个反馈）。但是我试图绕过前面侧滑的卡车时（第二个行动），我的米其林轮胎紧紧抓住路肩，我安然无恙地超过了卡车，重新回到柏油马路

（第二个反馈/高潮）。谢谢我的米其林，它救了我们一家人的命。

"行动号召：买米其林。"

如果叙述方式巧妙的话，一点点信息就可以延伸出许多信息。

Part III

让故事行之有效
PUTTING STORY TO WORK

有吸引力的主题是好故事的前提,
而掌握了讲故事的手艺才能将这种可能性化为现实。

开篇

introduction

有吸引力的主题是好故事的前提，而掌握了讲故事的手艺才能将这种可能性化为现实。但是若想改变你的企业与用户连接的方式，故事必须以受众为目标，围绕它的使命进行讲述。故事的机制需要一位捍卫者。因此在这一部分，我们首先将探讨首席营销官在故事驱动的世界中扮演的角色。

一旦企业掌握了故事的形式，就应当学习使用不同类型的故事达到不同目的。本书第三部分将会探讨如何使用故事实现四个核心目标：品牌、广告（拓宽现存广告模型的生命周期）、后广告时代的需求开发及客户开发、销售。在研究了故事的应用方法之后，我们会进一步讨论如何将故事产生的影响与你设定的目标进行衡量和比较。

第七章 故事和首席市场营销官

Story and the CMO

置身于这个品牌故事改写了现代市场营销的时代，首席市场营销官将会扮演怎样的角色呢？在近期的一次采访中，通用电气的首席市场营销官林达·波夫探讨了现代市场营销如地震般的巨变。我们问到当这次变革完成的时候，首席营销官未来将扮何种角色，波夫的答案是：

> 关于这个问题，请你见谅我给出这样的回答，因为我这周末刚和迈克尔·法斯宾德一起看了电影《史蒂夫·乔布斯》……电影中有一句台词是这样的，斯蒂夫·沃兹尼亚克问乔布斯："你不是工程师，不是做产品的，也不是程序员，那你到底是干什么的？"乔布斯说："我指挥乐队。"

> 我当然不是史蒂夫·乔布斯……但我同样认为，市场营销从业者最核心的角色一是指挥企业这个乐队，二是设定远景目标。

在此之前，营销领导者主要聚焦于广告战役的创造和优化上。首席营销官改进前辈的计划，调整战略以便尝试新的途径和技术，从而随着时间推移提高了市场表现。如今，首席营销官在企业中担任了一个至关重要的新角色，比之前的业务范围更广泛：变革推动者。

作为变革推动者的首席营销官

信息和娱乐消费的模式发生了根本性的改变，每个企业都必须在各个机能上适应这种变化。那些改良了吸引消费者方式的公司将取得市场领导地位，而不思进取的公司则会渐渐消失，被诞生于新生态系统，为其成功量身打造的竞争者取代。当今的首席营销官必须使企业的上上下下都适应新的现实状况。

作为变革推动者，你的首要任务是让高级管理团队了解到，市场营销从以广告为中心转向故事为中心的全球性变化。这不是一项简单的任务。传统的高管思维会认为故事是六岁小孩渴望的东西，强硬的管理层可不会为这种说法买账。但是你知道如果公司不改变做法，就无法生存。你必须用成功案例说服高管层。

首先，请借鉴第三章中阐述的科学研究，说明故事为何适应人类思维。基于这个理念，进一步解释这是一个空前难得机会，能够将公司思维与消费者的思想和情感联结起来。其次，想要做出成功案例，请用第十三章中的技巧证明如何衡量故事化叙述的正面影响，并借此获得成功。

一旦企业高管接受了这个概念，就可以着手将故事创作的八个阶段介绍给销售、市场、产品开发、传播、投资者关系部门和公司的所有领导层。最后，要将讲故事的营销方法引入实践，请指导您的团队用下述六个决定性的方法改变他们的思维定势。

1. 将部门的分析方法从演绎逻辑转变为因果逻辑

有了前所未见的大数据做支撑之后，管理层通常认为只要有长期大量的观测就能够推导出世界的普遍真理。如果管理层把归纳法作为理解世界的唯一依据，他们往往会错过事物间的因果联系，而因果联系是具有洞察力决策的必要条件。

举例来说，一家纸尿裤公司付费进行了一项大数据研究，结果表明在2010年出生的人中只有极小的比例使用纸尿裤，而2017年出生的人使用纸尿裤的百分比几乎是100%。如果营销团队不透过这些数字进行深入思索（换句话说，如果他们没有看到如厕训练是导致这一结果的原因），他们可能会兴奋地预测年轻人的纸尿裤使用率会剧增，并因此扩大产能。

这个假设的例子可能看起来很荒谬，但是这种思维模式在实际生活中十分常见。几十年来，以数据为基础的演绎逻辑蒙蔽了许多管理人员的眼睛，让他们忽略了数据背后的因。结果可能是毁灭性的。请指导你的团队寻找表面的数据之下深藏的原因和方法。

2. 将团队的销售技巧从加法变为递进

一直以来受到的培训让你习惯向世界宣传公司好的一面，并且只宣传好的一面。你向听众列出尽可能多的正面属性："我们公司做到了这个，还有……还有……还有……还有……"直到耗尽这个可怜听众的耐心。实际上，你在第一次夸耀公司的时候就已经失去了对方。成熟的客户知道凡事都有正反两面。如果你只呈现好的一面，他当然知道你在隐藏不好的那一面，因此判定你在说谎，无法信任。

在故事化的方法中，你首先戏剧地呈现初始价值观的变化，作为故事的开端，随后逐级递进，累积更大的价值变化，随后在最大的价值转变时达到最高潮。过程中的成功和阻碍一览无余，故事渐进式的复杂性会抓住观众的注意力，这样一来，你就可以用更完整可信的方式分享公司的愿景。

3. 将团队的世界观从肤浅狭隘变为广泛深入

故事是怎样创造有意义的价值改变的？通过冲突。如前所述，生活包含四个层次的冲突：物理层面（与飓风较量、疾病、争分夺秒等）、社会层面（与制度斗争，比如歧视、官僚主义、强权政策），个人层面（亲密关系内部产生的对抗），以及内在层面（针对矛盾的欲望的内心斗争）。

多芬的"真美行动"故事将自我批评与自我欣赏之间产生的内在矛盾置于前景，成为营销战役的驱动力。2013年苹果手机圣诞节广告围绕家庭内部的误解展开。宝洁"Always"品牌的"#像女孩一样"系列故事借鉴了造成女性系统性低自尊的社会阻力。在前一章中，我们探讨了米其林的"轮胎上的宝贝"广告如何利用高速公路上对生命造成威胁的冲突讲述企业故事。

带领团队了解四个层面的冲突，这样他们才能创作出能够让消费者感同身受的故事。

4. 改变团队对价值观的理解

令人信服的故事倚赖于价值观是否可靠。因此，具有变革精神的营销官应当确保公司的核心价值强而有力，能够引起整个团队的共鸣。这一核心价值能够推动组织的内部决策，并最终启发品牌故事。

你创作的故事应当具有娱乐性，但娱乐不是它的目的。故事为更大的目标服务。在故事中呈现公司的核心价值，就有机会影响人们对品牌的感受，提高购买的可能性。我们将在第八至第十章中探讨如何实现这些目标。

5. 改变团队的市场理论，提高情商

营销人员通常以这个问题作为工作的起点："客户需要了解公司产品和服务的哪些事实？"随后他们为了传达这些细节来设计营销活动。

这种由事实驱动的营销活动的问题是：决策的关键在于情感，而情感不是信息。你的问题应当针对情感："我想引起客户怎样的感觉？"

你的团队勾勒的故事必须能够在主角和观众之间缔造感情连接。一旦观众的同理心被激发，用渐进式冲突和价值负荷的改变抓住观众的注意力，最终用能够强化品牌或产品价值的故事高潮回报他们。

6. 将团队的心理模式从静态描述改变为动态故事

把他们的PowerPoint拿走，教会他们如何把数据转化为戏剧。

首席营销官

我想成为节目运作人。

——林达·波夫（通用电气的首席市场营销官）

我们并不建议首席营销官自己创作品牌故事。我们视首席营销官为节目运作人。节目运作人是娱乐界的专有名词，指的是当今那些精彩纷呈的长篇电视剧集背后的主要创作者/制片人。他们负责守护节目理念，设计每一季的故事弧光，并同时确保每场戏的细节与整体和谐一致，并且为未来的发展埋下伏笔。

作为企业的节目运作人，当代首席营销官为团队培养故事的创作手艺，为品牌制定讲故事的战略，并执行讲故事的流程。他招募合适的创作者，引导故事发展方向，确保品牌声音的一致性，并培养良好品味，为品牌的潜在客户提供优质体验。

这可不是什么小事。

第八章 故事化品牌战略

Storied Branding

每个首席营销官清晨醒来都面对着这个严苛的事实：没人想听你公司或者产品的那些事。

两个多世纪以来，营销人员应对这种阻力的方法是用广告打断看得正入迷的快乐观众。如今一些500强公司通过达到大众认知的最大值而战胜了广告。当苹果或者三星带来他们的新发明时，新媒体立刻作为头条新闻发布，忠实粉丝还没看到广告就已经排起长队。然而除了这些罕见个例，人们可不会花一整天时间等着听你介绍新型牛仔裤或者时髦口味的酸奶。通常而言，消费者只会在购买的前一分钟在脑海中想到品牌。这珍贵的一分钟让故事化品牌战略成为现代市场营销中的必需品。

这一章解释了如何用目的型故事激发消费者行为。在此之前，本章会先分析故事怎样在消费者意识中树立品牌形象，用正面关联加深品牌形象，从而奠定消费者行为的基础。通用电气、IBM、Always这些建立起情感纽带的品牌获得了成功，而那些尚未做到的企业仍在苦苦挣扎。

132

让我们先来看看品牌在21世纪意味着什么。

定义品牌

戴维斯品牌资本（DBC）的首席执行官帕特里克·戴维斯发明了一种分析市场并开发差异化品牌的方法。安海斯-布希（Anheuser-Busch）、英博（InBev）、Autotrader、红辣椒（Chipotle）、Progressive、Target和Verizon等市场领导者证明了戴维斯系统的卓越性。戴维斯品牌资本帮助他们理解、设计并开发企业和产品/服务品牌。

在最近的一次采访中，戴维斯阐述了他对现代品牌的看法：

> 品牌是单一的组织意象，是一个高层次概念，其他一切都从它而来，并与之呼应。有时我会把品牌比作淡水。不管是种植作物、清洗衣物还是煮汤，淡水为一切提供可能。它是万物之源。

> 寻找不会枯竭，并且有成百上千种使用方式的水源是一种挑战。也就是说品牌是无形、抽象并且真实的。它必须同时具备上述所有条件。

> 营销人员的工作是令品牌清晰真实，并利用它的真实讲述吸引人的故事。故事形式既可以是一幅图像，也可以是三行字或者长篇格式。无论什么形式，都是为了说明我们希望品牌在消费者心目中产生积极联系，甚至不仅是消费者，还包括越来越多的社群和

　　　　顾客群体，让他们了解，我们能够围绕一个更高的核心理念聚集在一起。

　　　　　这是一个信仰体系。如同其他信仰体系一样，它有自己相应的语言、符号、仪式和行为。[1]

　　商标现象是交织在我们文化当中的品牌仪式的明显例证。

　　戴维斯这样诠释："手握一杯百威淡啤（Bud Light）和手握一杯百威啤酒（Budweiser）的意义截然不同，而后者又和时代啤酒（Stella Artois）的意义大相径庭。这三种啤酒都是同一家公司旗下的品牌，而实际上，消费者在周末的不同时刻做出的选择可能不尽相同，因为他们可以通过手中啤酒瓶上的商标，透露了个性中的不同侧面。"我们选择的品牌反映了我们如何看待自己，或者说我们希望世界如何看待自己。

　　戴维斯指出，一开始品牌只是区分生产商的手段，目的是为了显示商品是谁生产的。不管是银饰、瓷器还是皮革制品，货物上都有制造者做的记号（就像是牲畜身上的烙印一样）。制作者通过商标为产品的质量负责。如果买家遇到问题，他可以回头来找制作者提供保障。但是如今，戴维斯指出："这个记号只是一条捷径，是品牌的信号。工作的趣味在于如何让品牌成为超越产品和记号的存在。"

　　如何提高品牌的重要性，令它成为人们自我表达的方式？几代人以来，电视广告起了很大作用。现在它不再奏效了。若想和当今的受众建立连接，我们需要不同的途径。它最好能奏效，因为我们面前山峰陡峭。

当代受众对企业的厌恶

2015年9月18日，美国环境保护署（EPA）指控大众汽车主观故意违反联邦法律，售出了 42.8万辆装载"减效装置"的柴油汽车。大众汽车公司使用特殊软件规避了环境测试。在实验室中进行测试时，他们的柴油发动机效果更环保（但动力没那么大），符合环保标准要求。 然而真正在公路上行驶时，他们采用不同的操作，排放的一氧化二氮高达法定上限的40倍。[2] 在美国环保署公之于众之前，企业提交了一系列虚假理由，试图解释为什么2008年至2015年间销售的柴油车道路环境测试和实验室结果不符，从而让问题变得更加严重。

在美国环保署发表公告的5天后，大众的首席执行官引咎辞职，声称对团队故意逃避环境测试的决策一无所知。[3] 和这一丑闻相关的诉讼终于得到解决的时候，问题车辆的数量已经攀升至58万。大众汽车为它的罪行付出了200亿美元的代价。[4]

除了对环境造成的破坏之外，大众汽车的客户也受到了直接伤害：没有人想要他们的二手车。在此次和解案中，法院裁定之前购买了这款车的消费者有资格获得数千美元的赔偿，用于弥补转卖时遭受的损失。但是对于大部分购车的消费者来说，当初购买大众这款节能汽车是因为对环保的关注，没有任何补偿能够弥补大众汽车对消费者信任的违背。

五年前，2010年4月20日上午，海上钻井平台"深水地平线"正在墨西哥湾移动作业，为英国石油公司钻一口深水井，结果突然发生爆炸。船上126名船员中有11人在爆炸中丧生。 火势无法熄灭，36小时后，"深水地平线"沉入海底5000英尺以下。

这次爆炸和由此造成的原油泄漏造成了美国历史上最严重的环境灾难。[5]美国政府在救灾报告中总结称：

> 油井中的石油泄露持续了87天。为了控制漏油，共有两艘钻井船、多个围阻舱和一个支援船队被派出，同时还有835台撇油器和大约9000艘船参与了清理工作。在情况最严峻的一天中，共委派了6000余艘船、82架直升机、20架前翼飞机以及47849名工作人员；88522平方英里的渔场被关闭；168个身上有明显油污的野生动物被救起；海上配置了3,795,985英尺拦油栅，进行了26次原位燃烧，共烧掉了59550桶石油；181英里海岸线被原油严重污染；68530加仑（1632桶）分散剂投入使用，分解了27097桶石油。

此次灾难导致约490万桶石油泄漏到大洋中。[6]

美国联邦地方法院法官卡尔·巴比尔意识到，"英国石油公司的过失行为导致爆炸和石油泄漏……是利益驱动下的决策。"他总结称，"种种渎职行为是企业极大背离价值标准的证据，并证明其对已知风险有意漠视。"[7]英国石油公司和3名雇员受到刑事指控。该公司对11项重罪承认有罪，包括因渎职导致爆炸中有人员丧生。[8]受到泄漏事件影响的企业和个人共向英国石油公司提起了超过10万起诉讼，截至2016年7月，这起灾难已令英国石油公司付出了620亿美元的

代价。^{（9）}

这并不是随随便便一家普通公司。大众汽车是全球最大的汽车制造商，^{（10）}英国石油公司是全球第六大石油和天然气生产商。^{（11）}就在两年前，世界各地的银行都被指责风险很高的贷款业务几乎摧毁了全球经济。

这些公司意欲将利益凌驾于消费者、社区和环境的福祉之上，损害的不仅仅是他们自己的声誉，而是人们对所有企业的认知。

> 爱德曼全球信任度调查报告显示，生活在民主国家的人当中，只有52％对公司有信任感，并且信任度正在下降。此外，他们认为问题从最上层开始：接受调查的人当中，只有37%认为企业总裁是可信的。^{（12）}

多年以来的滥用职权让人们对企业不再抱有任何幻想，并对他们的宣传持怀疑态度。从更宽泛的角度来看，现代广告与生俱来的自吹自擂和过度承诺已经进一步削弱了信任。几乎所有人都知道货架上的产品大概并不会像一次次承诺的那样，让他们皱纹更少，牙齿更白，腰围更细，婚姻更幸福。人们已经烦透了被愚弄，开始认为企业所谓的"赢利"潜台词是"不惜一切代价"，哪怕会伤害消费者他们也会在所不惜。

克服怀疑就像克服重力。这是自然力量，而支撑这股力量的是品牌无止境的吹嘘和过度承诺。

故事和影响力心理

精彩的故事能够把故事的意义包裹在情感之中，从而打消受众的怀疑心理。这种心理作用的根源是移情认同。一旦观众在那一瞬间将自己的感觉与主角联系起来，怀疑就会消失不见。主角的选择和行动让观众感同身受。主角生活中价值负荷的每一次变化都会让观众感受到同样迂折起伏的情感。当主角的最终行动令他得到欲望对象时，情感和意义自然融为一体，不需要任何语言解释。

故事的高潮行动以其真实感淹没了理智，就像顿悟一样。由于这个想法是观众在自己脑海中自发形成的，他们无需任何合理化的过程就对此笃信不疑。毕竟这是他们自己的想法。更重要的是，这一突然的顿悟激发的愉悦情绪将这种体验铭刻到她的记忆深处。从这一刻起，积极的记忆在潜意识里像光环一样围绕着品牌，进而对消费者的购买决策产生影响。精彩的故事就这样在消费者心中树立起具有意义的品牌形象。

寻找故事主题

一旦确定了受众范围（讲故事的第一阶段），就必须选择包含物理设定、社会设定、核心价值和主角的主题（第二阶段）。品牌的潜在主题可以分为至少五大类别：起源、历史、使命、产品和消费者故事。你需要至少一个故事来定义你的品牌，但有些品牌会讲述成千上万的故事。

起源故事

在漫画中，起源故事解释了超级英雄如何获得神奇力量，以及他追求正义的强烈渴望源自哪里。彼得·帕克被一只有辐射性的蜘蛛咬了一口，获得了惊人的超能力，但是直到叔叔被小偷杀害——如果彼得使用了超能力，原本可以阻止这次谋杀——彼得才肩负起与罪恶斗争的"蜘蛛侠"这一秘密身份。这个起源故事不仅戏剧性地将彼得·帕克成为蜘蛛侠的缘由和盘托出，而且将内疚、勇气和谦逊这些人性闪光点结合起来，让这个离奇的角色引起了持久的共鸣。

对于以创新著称的公司而言，品牌的成功往往源自以创始人作为主人公的起源故事，比如苹果公司。1976年，史蒂夫·乔布斯和史蒂夫·沃兹尼亚克迫切地想要在车库里创造一台家用电脑。当时的社会共识是只有那些需求复杂的企业才会购买这些机器，但这种看法显然错了。今天的硅谷讲述着一系列以车库为里程碑的起源故事，苹果、谷歌和惠普这样的企业都从车库诞生。

同理心，依旧是同理心。车库里的天才故事和托马斯·爱迪生一样古老。这些故事打动人心，因为它们以标志性的美国商业英雄为主角：年轻创业者白手起家，与目光短浅的世俗偏见和种种不可能做斗争。如果你的公司有强有力的起源故事，并且故事的核心价值与品牌一致，那么把它作为在消费者心中建立品牌的第一个故事。

公司历史

事实上，很少有成功的企业始于动作片式的英雄主义。他们往往立足于三件事：好想法、努力工作和持之以恒。如果没有足够吸引人的起源故事，企业通常会尝试围绕大事记树立品牌亲和力，但只有公司的高管层和董事会会对大事记感兴趣。这些叙述往往会乏味地堆砌罗列企业历史上的正面事件。正如我们在第四章中指出的那样，故事通过情感动态递进，叙述只重复没有情感的事实。

以可口可乐网站的下述信息为例。标题为"分享快乐125年"。[13]一起想想看：

> 这个非凡的故事讲述的是一个标志性的品牌和其公司的发展演变。自1886年在佐治亚州亚特兰大市中心的冷饮柜台诞生之始，可口可乐一直是社会互动与激励创新的催化剂。这些历史上独一无二的时刻，按照时间顺序排列，共同缔造了一个全球品牌，每天令不计其数的人们振奋精神。

它做出了一个伟大的承诺，却并没有兑现。

这个大事记能否抓住可口可乐消费者的注意力？引起他们的兴趣？转化成购买？让他们产生情绪？可口可乐的营销人员提出了一个毁灭情感的问题："我们想让消费者了解可口可乐的哪些方面？"

2017年超级碗期间，可口可乐重放了2014年的超级碗广告"它很美"，重申了企业对支持文化多样性的决心。这个立场很积极，但仍然没有以故事的形式呈现。在可口可乐的整个营销历史中，它始终满

140

足于温和的叙述（2016年1月，可口可乐主页上的专题文章包括"美食史学家的看法……"）、反故事（食谱、介绍、美食地图等），和一个形状像维纳斯一样的可乐瓶。

可口可乐依靠20世纪的广告在它的前100年历史中称霸全球。这个标志性的品牌若想保持甚至提高它的40%市场份额，就必须要采取红牛等21世纪的饮料已经在使用的策略——讲故事。

1891
Calendars are first used for advertising by Asa Candler. Note the ad for De-Lec-Ta-Lave, a mouthwash that is also sold by Candler. After 1892, he focuses his energies exclusively on Coca-Cola.

1892
Asa Candler, who began to acquire The Coca-Cola Company in 1888, finalizes the purchase and incorporates The Coca-Cola Company as a Georgia Corporation.

An advertising budget of $11,000 is authorized.

1893
The Coca-Cola Spencerian script trademark is registered with the U.S. Patent office.

At the Company's second annual meeting, the first dividend is paid to investors.

1895
Asa Candler declares in the Annual Report that Coca-Cola is sold and drunk in every state and territory in the United States.

1890s

19世纪90时代可口可乐公司采用的一些广告形式

使命故事

如果你的创始故事缺乏"知其不可为而为之"的兴奋点，如果你的企业历史在时间长河中的前进步伐专业但乏味，你的公司仍然可以通过使命创作出令消费者感同身受的故事。在我们的定义中，使命意味着服务人类，但不仅仅是为知名慈善机构写张支票那么简单。

千禧一代和Z世代的消费者希望私人企业提供公共服务，更确切地说，这不是希望，而是要求。他们相信与利益相伴而来的是社会责任，企业有责任令世界变得更加美好。无论这一诉求是否天真，这确确实实是40岁以下的市场所期望的。作为回应，许多企业都接受了使命，无论是大集团还是小公司。最著名的使命是星巴克的企业社会责任倡议（CSR），这也启发了许多企业效仿。

来看三个相似的例子：

1. 宝洁

自2005年9月的卡特里娜飓风开始，无论任何自然或人为的灾难在美国任何地方发生，汰渍的"承载希望"项目都会将一卡车洗衣机和烘干机运送给那些受到影响的家庭。汰渍的高管深知，干净的衣物能够帮助绝望的人们重新站起来。

2.皇家帝斯曼

这家荷兰跨国企业专注于保健品和生物产品，因此它自然而然地与世界粮食计划署达成合作。帝斯曼同时还为小型科学家团队提供支持，致力于解决全球环境和健康问题。观看帝斯曼的使命故事视频

"默默无闻的科学英雄"（Unsung Heroes of Science）。[14]

3. Costa Del Mar公司

这家位于佛罗里达的法资制造商使用可生物降解的材料，生产高品质的偏光太阳镜。CDM的"踢走塑料"活动旨在减少在大洋上漂浮的有得克萨斯州那么大面积的塑料垃圾。

这些使命故事以企业为主角，或者以为企业服务的代言人为主角。两个角色都天然引发受众的移情作用，因为任何想在这个世界上做好事的人都自然而然处于劣势，这是世界运行的法则。使命驱动型企业的营销人员应当在网站或广告中讲述同企业使命契合的故事。

产品故事

继起源故事之后，苹果公司又推出了一个绝妙的产品故事，这个巨大的隐喻首度亮相是在1984年的超级碗期间。在苹果标志性的广告中，一个年轻的女运动员象征着苹果电脑，而她的反叛象征着苹果的革命。

她身着亮红色短裤，凶残的士兵紧随其后。她穿过一个灰色的世界，沿着电影院中间的过道向前跑。银幕上，政治宣传片正在庆祝"信息净化官方行动"。宣传片正把相关言论灌输给顺从的听众，让他们相信这一强制的科技手段会取得胜利。

广告巧妙地将无处不在的IBM商业计算机与奥威尔小说《1984》联系在一起，在小说中的社会，所有决策都服从最高层控制。广告片进入高潮的时候，这位女运动员将象征着雷神之锤的锤子用力掷向巨大的银幕，把宣传片的图像砸得粉碎，通过摧毁国家的象征让观众获得解放。广告的主人公冒着一切风险想得到她的欲望对象，而当我们为她的成功欢呼雀跃的时候，旁白说明道："1月24日，苹果电脑将推出麦金托什机。你会明白，为什么1984不会像《1984》那样。"在处于冷战中期，面对着苏联极权主义的美国，苹果这个强悍有力的宣言引起了深深的共鸣。

反叛/顺从这组核心价值观同样反映在苹果公司的标志中。帕特里克·戴维斯指出，那并不是一个苹果，而是一个被咬了一口的苹果。这个形象再现了犹太基督教传统的基本故事。人类对知识树的果实咬下的第一口宣告了人类最大的反叛举动。

苹果公司的品牌故事以其产品作为主角，商标源自传说，戏剧性地表达了公司的核心价值观：崇尚自由，抗拒服从；崇尚创新思维，抗拒墨守成规。

消费者故事

如果上述四个故事来源都不适用于你的企业，那么该去哪里寻找灵感呢？不妨诉求于故事的终极来源——消费者。

最常被提到的一个成功案例是红牛的案例。这家公司没有值得一说的起源、历史、使命或者产品，但它却找到了一个绝妙的方法来梳理品牌。

红牛的市场研究人员发现他们的死忠客户是一个热爱极限运动的

年轻人。好，再往深挖！高层管理者问："我们的顾客想要怎样的感觉？"他们找到的答案是："狂热的活力。"这个洞察引导他们挖掘出品牌的核心价值：兴奋/无趣。合乎逻辑的下一步就是在网络上讲述以消费者为核心的故事，将充满力量的文案与让人血脉偾张的原创影像结合，以消费者的视角动态地渲染企业的核心价值。

例如，其中一个故事跟随山地车手克劳迪奥·卡罗利，穿越犹他州的陡峭山峰。他骑行的道路看起来只有一英尺宽，有时山峦两侧又突然陡降数千英尺。移情作用让你对主角面前的风险心跳加速，做出反应。险境在向克劳迪奥逼近，主角面临一个关键的决定：跃过道路上的深渊，将时间缩短至关重要的几秒，或是走一条更安全、更和缓的路线。克劳迪奥冒着生命危险高高跃起，一阵紧张兴奋冲过我们的神经，随着他的山地车平稳落地而逐渐松弛。就在我们长舒了一口气

红牛网站关于极限运动的介绍页面

的时刻，红牛品牌出现在屏幕上，将它的形象与你刚刚感觉到的冲击联系在一起。这就是通过故事树立品牌形象的案例。

因此，在红牛的官方网站上，你找不到任何红牛饮料罐的图片或是对产品的自吹自擂。为什么？因为红牛认识到它的典型消费者是15—25岁之间的男性顾客，他们根本不在乎能量饮料罐里到底装的是什么。实际上，在走进便利店，打开冰箱门之前，他们可能根本想不起来能量饮料。市场营销人员知道，红牛视频故事给消费者带来的那种让心跳到嗓子眼的紧张情感会根植于他的脑海中，而在红牛和其他能量饮料的货架前，他们一定会回想起那种兴奋感，从而选择他们的品牌，屡试不爽。

就像上面的例子展示的那样，红牛在身体冲突层面讲述以男性为中心的故事。与之形成鲜明对比的是，宝洁公司在内部冲突和社会冲突的层面上创作聚焦女性的故事。让我们以宝洁旗下产品Always的"像女孩一样"品牌活动为例。[15]

依旧是始于市场研究。李奥贝纳广告公司的Always团队发现，诸如"你跑步像个姑娘一样"和"你扔球像女孩子似的"之类的嘲讽和侮辱是一种对所有女性的贬低，特别是对Always的目标受众——青春期女孩。这个时期的女孩正处于成长的关键阶段，身体巨大的荷尔蒙变化和自我的感知产生冲突，身体和灵魂正努力缔造新的同一性，而"像女孩一样"这样的话语伤害了她们的自尊心。

疗愈内在痛苦的唯一方法是改变对事物的感知。在宝洁的案例上，改变从文化层面开始。Always制作的视频没有提到女性卫生用品、Always产品或任何胜过竞争对手的长处，而是把身边随处可见的女孩群体作为主角，用一个强悍有力的转折点讲述她们战胜这类嘲笑的努力，令观众产生共鸣。在故事的高潮，得到力量的女孩们把这个短语的隐含意义从负面转为正面，令"像女孩一样"成为女性力量的象征。

网络受众分享了女孩们的自豪，并把这种情绪与Always品牌联系在一起。就在本书付梓之际，"像女孩一样"视频在YouTube上的点击率已经超过了1亿次，传播范围广至150个国家。

在网上取得初步成功后，Always在"像女孩一样"广告活动的基础上创作了2015年超级碗广告。奥多比公司的报告中指出，"像女孩一样"的交互影响力超过了同年的其他任何广告。在超级碗比赛期间，有40万人在社交媒体上把这则广告分享给数千万关注者，在提到这则广告的言论中，有84%的态度是"极度肯定"。 [16]

"像女孩一样"成为了流行的互联网文化基因，许多成功女性借鉴了Always创造的这个标签来鼓励下一代。Always发起了这项活动，但是大众把它提升到了更高的水平，从而令Always变成一个更有意义的品牌。

有意义的品牌

根据汉威士媒体集团（Havas Media）的定义，有意义品牌指的是那些能够激发"这个品牌提高了我的生活质量"想法的品牌。这种提升感将消费者和品牌包裹在一种幸福的氛围中。

在美国，我们经常错误地将幸福等同于财富。虽然这两者有关联，但是一个人的幸福感取决于生活中感受到的由价值驱动的道德情感，比如正确/错误，公平/不公，忠诚/背叛，正义/非正义。比方说，假如一个穷人回首往昔，觉得世界对他很公平，他的贫穷是由自己的选择和自己的行为造成的结果，那么他就会处于安宁康乐的状态中。另一方面，假如一个富人感觉虽然他做出了最好的选择和行动，但不公正的世界欺骗了他，那他就会痛苦不堪。前者发现生活充满意义，而后者对此产生质疑。

《全球年度幸福报告》(17) 揭示这不是个例，而是普遍规律。报告通过分析全球的数据来确认幸福受生活中的哪些因素的影响，以及影响的程度如何。比如宏观方面的经济增长/就业、政治稳定、政府是否为民主形式等因素，以及微观方面的个人收入、个人自由、婚姻关系、社会支持体系等等。

《2017全球年度幸福报告》针对当下的美国，提出了下述观点：

> 理查德·伊斯特林（2016）认为，现代美国经济的核心悖论是：自1960年以来，人均收入增加了大约3倍，但实测幸福感并没有提高。近年来，情况甚至变得更糟——人均国内生产总值仍在上升，但幸福感实际上正在下降。

> 美国的主导政治言论都以经济增长为目标，旨在重振美国梦和理应伴随而来的幸福。但数据显示，这条路走错了。美国能够也应该通过解决多方面的社会危机来提升幸福感，比如愈演愈烈的社会不平等、腐败、孤

立和不信任，而不只是着眼于经济增长。特别是这方面的具体方案会进一步加剧而不是改善正在深化的社会危机。（18）

　　简而言之，我们对生活的诉求不仅仅是金钱而已。人们想要的是人与人之间的真诚关系，是被公平公正地对待。

　　在这种背景下，若想在消费者心中创造一个有意义的品牌，那么它必须是真实可信的。只有当两个故事相互吻合的时候，消费者才会觉得品牌值得信任，并且对他们有意义：品牌自己讲述的故事，和公众讲述的品牌故事。因此，不管你选择怎样的切入点，所有品牌故事都必须遵循一个简单的原则：故事的核心价值必须符合品牌的核心价值。如果这些故事不吻合，如果没有践行之前做出的承诺，公众就会感觉遭到背叛。这种不公正的感觉表明品牌会损害他们的生活。

　　过去，这种双刃剑现象被称为口碑。广告商自吹自擂，用打包票来诱惑消费者；消费者尝试他们的产品或服务；随后消费者将产品的故事告诉亲朋好友，确认或者否定品牌的自夸是否真实可靠。

　　现如今，互联网令口碑成为了即时反馈，并且无处不在。消费者不断评估品牌的每个产品或服务，用1—5来衡量评分，不论好坏，都用戏剧性的形式将消费者体验以故事形式告知世界。

　　有意义的品牌用本章列出的多种故事模式，明确并且/或者含蓄地把他们的承诺戏剧性地表达出来。如果产品或服务的故事符合甚至超出了消费者的预期，网络口碑推动"这个品牌改善了我的生活"的信息进行病毒式传播，并为品牌赋予了人性化的意义。

汉威士传媒集团报告称，品牌的意义带来了超出预料的财务业绩。他们对全球34个国家的1000家公司进行研究，这些公司跨越12个行业，雇员超过30万人。调查结果现实，意义深刻的品牌"市场营销的关键绩效指标（KPI）整体表现100%优于意义较不明晰的品牌"。

实际上，在意义层面每10%的提高会令购买意向增加6.6%，重复购买意愿增加3.2%，消费者推荐度增加4.8%，定价策略提高10.4%。平均来看，有意义的品牌比没有意义的品牌钱包份额多出46%。更重要的是，有意义的品牌的整体表现超出股票市场平均值的133%。

事实很明确：成功将品牌故事和消费者故事匹配的营销人员见证了故事的传播，消费者的认同为企业团队和股东带来了更显著更优异的回报。

第九章 故事化广告

Storied Advertising

老兄，真高兴我看了那个广告。

——无名氏

通用电气公司遇到了麻烦。董事长兼首席执行官杰夫·伊梅尔特成功领导通用电气公司完成转型，从一家提供大型金融服务的企业转变为以数字工业为主导的企业。公司的转向是为了利用更加互联的世界，大量连接的机器提供了全新的可持续收益流的机会，就像以消费者导向的物联网对个人生活产生的影响一样。如今，通用电气的投资组合侧重于交通（航空和铁路）、医疗保健和能源三个领域。但只生产机械是不够的，若想将伊梅尔特的愿景付诸实际，企业需要成千上万最优秀的工程师。

通用电气首席营销官林达·波夫解释说："我们下的诸多赌注之一是行业数字化。在我们所处的时代中，只销售喷射发动机这类硬件远远不够。我们必须帮助客户获得有成效的产出。为了实现这个目的，我们组建了一个数千人的团队，其中大部分是企业新人，但在软件方面有深厚背景。他们正在搭建分析方法，积累数据，从而让我们在铁路、航空、发电厂、食品饮料等各行各业的客户有能力预测到效率有改进空间的地方，进而提高效率，降低成本，创造更多经济价值……能够提前预测喷射发动机是否需要维修保养……或者风力发电场下一步应当扩建到哪里。"[1]

通用电气需要招募全球最有才华的工程师，撰写新软件用于运行、监控并优化飞机、火车和风力发电场的性能。但在此之前，通用电气需要让工程师了解企业的新战略。多数软件工程师并未意识到通用电气已经投身于复杂有趣的科技挑战。他们仍然集中于四大科技巨头（Facebook、亚马逊、Netflix和谷歌），以及苹果和微软。[2]

通用电气的营销团队接到的任务是改变工程师对企业的认知。波夫以故事作为切入点。她说："我和我的团队都相信，不管规模如何，基于创意的媒体最终会胜过计划性的投放。作为买方，我们看重的是影响力，而不是投放频率。一部分原因是，频率所需的成本是没有上限的；另一部分原因是我确实相信好的想法能够突破一切。"因此她的团队和广告公司一起创造了一个故事：

进入欧文的世界。

通用电气的主角欧文是一个年轻的见习工程师，刚入职通用电气。"欧文怎么了？"广告活动拍摄了欧文的朋友和家人对他新工作的反应。在一个场景中，欧文的父母很兴奋他将为通用电气工作，把他祖父的长柄锤交给了他。欧文不得不解释他去通用电气不是当工人建造机器的，而是通过写代码来进行交流。另一幕，他在野餐桌上向朋友们分享他的新工作。另一个朋友宣布说他刚决定去一个叫

"Zazzies"⁽³⁾的虚拟公司工作。在Zazzies提供的手机应用软件上,你可以给各种动物戴上水果帽子。欧文的朋友们都是Zazzie的狂热粉丝,因此都被他朋友的新工作吸引住了。"我将会帮助涡轮发动机为城市提供动力!"欧文抗议说。"我刚给小猫戴了个头巾。"他的朋友反驳说。"我能让医院更有效地工作。"欧文说。"这又不是在比赛。"另一个朋友插嘴道。

这个系列的广告产生了强烈反响。欧文帮助通用电气的品牌同它的新战略和投资组合形成一致,同时这一广告活动令求职通用电气的软件工程师增加了十倍。这一切都要归功于一个好故事。

将广告故事化的同时,你在品牌和受众之间建立了情感连接。欧文是处于劣势的人。我们都觉得自己在世界上处于劣势。当他被世界误解的时候,我们也产生了强烈的共鸣。我们感同身受,在故事的最后,我们希望世界理解,欧文在做重要的事情。他正在创造的软件将会让大型机械取得前所未有的效率。

想想看,假如通用电气的广告直截了当地这样呈现:当企业商标出现在电视屏幕上的时候,一个画外音说:"在通用电气,我们正在创造软件,连接起世界上最好的大型机械。"观众会相信这种陈述吗?他们在乎吗?很难说。欧文的故事引发的情感是自我吹嘘永远无法达到的。这就是故事的力量。

在故事中插入故事

尽管电视广告的长期前景看起来很黯淡,但在一段时间内,电视和广播仍将是那些负担得起投放成本的企业的营销平台。因此，如果你的营销策略需要用广告打断剧情片和喜剧片，那么你可以通过在故事中插入故事来尽可能巧妙地做到这一点。

思维从一个故事跳到另一个故事是相当简单的。例如，观众换频道寻找好的节目时，或是当故事在主线和副线之间来回切换的时候，观众也会立刻投入地随之切换。故事永远受欢迎。因此，如果你的广告是用一个故事来打断另外一个，那么它的过渡会相对平稳；如果你用自吹自擂或者过度承诺的推销辞令打断观众对故事的深度参与，人们会非常厌恶并且无视你的广告。

想想超级碗广告。一年当中只有这一天你会听到这种奇怪的责备："伙计们，安静！广告开始了！"这是有正当理由的——品牌和他们的广告公司一整年都在为这些广告位设计故事。

超级碗球迷在比赛期间讨论他们最喜欢的广告，第二天在网上发布最佳和最糟广告排名。你有没有注意过？那些老一套的吹嘘/许诺时宇的广告往往会在名单中垫底，而故事化的广告反而冲向顶端。

在场外，故事化广告也赢得了比赛。如果品牌做了功课，真正理解了他们的消费者，就能够创作出颠覆市场的好故事。

例如，在印度，洗衣粉品牌阿里尔的营销人员发现家庭中的女性成员和男性成员在社会规范层面存在极大不平等。70%男性认为妻子应当负责洗衣服。就连在孩子当中，也有三分之二相信女性应当承担家务劳动。[4] 如今，印度女性平均每天花费6小时在家务琐事上，而男性花在家务上的时间只有不到1小时。[5] 这一差异本身并不公平，并会随着时间推移造成两性之间更大的不平等。

年轻女性每年能够用于学习和锻炼职业技能的时间比男性少近2000小时，从而导致更少的工作机会、更低质量的工作和低工资。已经就业的女性升职空间更小，因为她们必须在工作和家庭生活之间取得平衡。

2004年至2011年间，印度女性劳动力的比例从31%下降到24%。劳动参与率的下降对女性的生活和印度经济的整体表现都产生负面影响。正如哈佛大学的罗希尼·潘德教授解释的那样："工作和因此带来的对资产的控制权降低了家庭暴力的发生率，并提高了家庭中女性的决策权。如果一个经济体中所有有劳动能力的公民都可以进入劳动市场，那么这个经济体的效率更高，增长也会更快。"[6]

印度女性渴望改变。85%的印度女性称她们感觉自己在做两份工作，一个在外，一个在家里。83%认为男性应当分担家务劳动的重负。[7]阿里尔的营销人员及他们合作的广告公司BBDO印度孟买分公司意识到这种不平等愈演愈烈，用他们的广告"分担重负"深入挖掘这种现象背后涌动的暗流——逐渐深化的社会不公。[8]

"分担重负"广告开场的时候是主角读信的画外音。他已经做了外公，信是写给女儿的。当他写信的时候，女儿正在房间里忙来忙去。他看着女儿一会儿给丈夫沏茶，一会儿照看孩子们，忙得团团转，终于意识到他是如何把这些社会成见在潜移默化间传给从小养到大的女儿的。

这个故事通过证明社会准则如何一代代地持续传播，而建立了一个强有力的负面基础。随后，当女儿读到父亲在心中承诺会分担妻子的家务，为其他人做榜样的时候，故事由负面转为正面。

从不公正到公正这一组核心价值的转变与利益有关，让印度的女性紧密相连，并引发了全国范围内的讨论。"分担重负"视频在50天内的点击率超过了5000万。它在网络上制造了20亿曝光次数，等同于在广告投放上花费1100万美元才能买到的曝光率。访谈节目把整集时间用于讨论男性和女性在家庭中的角色。有影响力的服装品牌改变服装标签上的传统洗涤说明，增加了一句"由男性或女性洗涤均可"。超过200万男性访问了阿里尔洗衣粉的官方网站，在"分担重负"的承诺书上签下自己的名字。约会网站在个人介绍页面上增加了一个新问题："你愿意分担重负吗？"让人们在寻找另一半的过程中得到更多平等。（9）

这次故事化营销活动产生的社会影响对阿里尔营销人员的鼓舞大概和这个统计数据一样大：阿里尔在印度销售额同比增长75%。（10）

故事化广告比那些自夸和许诺的广告更有吸引力，也更有效率。但如今消费者寻求的是不被打断的专注体验，只有广告远远不够。当每个月有数百万消费者投入免广告体验的怀抱中时，营销人员必须随之调整接近用户的方法。（11）

现代市场营销人员必须为消费者提供独特价值，更重要的是提供不间断的流畅体验。和数十年来媒体公司建立并维护受众的方式一样，品牌必须用同样持续的步调讲述故事，赢得消费者的尊重并保持它。

第十章 故事化需求和消费勘察

Storied Demand and Lead Generation

首席营销官的平均任期只有44个月。[1]为了生存，首席营销官们需要证明他们有能力快速带来商业回报。许多高级营销人员到岗之后发现根本没时间经营品牌。他们的公司需要激发客户需求（B2C）或者进行消费勘察（B2B）才能够实现季度业绩。

以往，在业绩压力较大的季度，首席营销官通过增加广告预算达到收入目标，或者削减预算以节约成本。但随着广告到达率和效率的急速下滑，他们需要投向新的领域。若想理解品牌如何促进消费者购买，如何促使企业客户与销售团队建立联系，我们需要思考在当今社会，人们发现并消费信息和娱乐的方式。

在整个20世纪，人们从晨报、开车时听的电台和晚间新闻中获取新闻。如今只有不到27%的美国人能够说出任何一位优秀新闻评论员或者报业记者的名字。[2]他们通过在线搜索主动探索信息，通过社交媒体被动探索信息。

主动探索与被动探索

如今人们获取知识的途径包括谷歌、必应、Yandex（俄罗斯）和百度（中国）等互联网搜索引擎，以及苹果Siri、微软Cortana、谷歌的"嘿谷歌"（安卓系统和谷歌主页）以及亚马逊的Alexa等语音搜索系统。每个月，这类目标驱动的主动探索会在全球各地发生超过1750亿次。

同样的一个月内，还有300亿没有特定目标的人在好奇心的驱使下浏览Facebook、Twitter、领英、Instagram、Snapchat或Pinterest，纯粹出于巧合了解到一些有趣、有价值的东西。这些偶然打开的信息流感觉像是来自上天的礼物，所以人们会和亲朋好友分享他们的被动发现，将这些奇妙的缘分从300亿次推广到900亿次。

如果你能够提供用户寻求的信息或娱乐，这数百亿次发现将成为前所未有的营销机会。

研究线上消费者行为的分析师报告称，人们从搜索页面跳转到别的页面时，有85%的情况是点击其他页面的链接，而不是标签或广告；从社交媒体跳转到别的页面时，这一概率提高到了90%。

针对搜索引擎和社交媒体的新发现就像高速公路两旁的空白广告牌一样，为首席营销官们提供了新的途径去接触消费者，建立长期联系。但如果营销人员用广告来填补这一空白，他们就会错过大部分目标市场。解决方案是通过持续输出内容来接触消费者，而不是传统广告的随机碰运气。

更重要的是，当有人访问你的网站时，最先映入眼帘的会是什么？你的产品？商标？口号？一系列声明？你真的要让他们先看到这些东西吗？永远不要低估第一印象的力量。消费者初次拜访的时候，考虑送他一份礼物吧。

内容营销

内容营销指的不是重复贵司的优点或者产品性能，而是创造消费者想要或需要的资料。

内容营销并不是什么新鲜事。1895年，约翰·迪尔推出《犁沟》杂志，帮助农夫更高效、更高产地工作。直到今天，《犁沟》杂志仍然存在，并拥有40个国家的150万读者。表面上，它提供了农夫需要的创新技巧；实际上，它建立了约翰·迪尔农业机械的认知度。

1900年，一家法国制造商发布了一份指南，介绍高级餐厅、酒店和观光目的地。这份指南以一贯优异的质量执行着它的使命，成为了这个领域首屈一指的权威刊物。如今，任何餐厅老板的最高荣誉就是得到"米其林之星"。对一家轮胎公司来说这真是一步好棋。

正如《犁沟》和《米其林指南》证明的那样，内容营销的战略自诞生之始就再简单不过：首先，送他们一份礼物。

在使用推销辞令之前，在用声明和保证对买家发起攻势之前，请伸出一只手，里面放上你的礼物——一份充满意义的情感体验。用客户从未有过的洞察作为给他的欢迎礼，用客户从未体会到的情感作为礼物的包装。简而言之，给他讲个故事。

如果访问者对品牌的第一印象是一段引人入胜的视频或者一个迷

人的故事，讲述了自然、科学、历史或者其他新颖有趣的主题，这份惊喜的礼物会为你的商店打开大门。现在消费者已经走进了大门，环顾四周，从无名消费者变为潜在客户。接下来让你的销售团队把他从潜在客户变为客户。

过去，像《犁沟》和《米其林指南》这样的内容营销项目作为广告的补充形式来看成本很高。品牌必须识别出潜在受众群体，研究并创作每周或每月的最新主题，印刷、包装并支付发行费用。如今状况不再是这样了。例如高露洁的口腔护理中心项目[3]和IBM的SecurityIntelligence.com项目提供永远在线的体验，为潜在客户带来更好的生活。

全球互联的世界使出版和发行变得相对简单，和传统媒体的印刷、营销和投递相比，成本几近于零。而且，当营销人员策划的内容可以轻松地被用户在搜索和社交媒体中发现的时候，收获的到达率达到前所未有的规模。巧妙地执行持续性的故事化内容营销战略能够让建立受众的成本降至最低，从而获得远远大于中断式广告的投资回报率。

作为结果，此前从未玩过内容营销游戏的品牌营销人员一窝蜂地涌入这一领域。对于那些新手而言，要想理解手中的选项，并且确定哪些在特定领域最有效果，并不是一件容易的事。为了解决这个问题，引导营销者一步步通过必经之路，从以广告为中心向以故事为中心转型，我们创造了一个名为"营销连续统一体"的框架。[4]

营销连续统一体

这个连续统一体横跨企业将内容营销纳入战略的五个发展阶段。你是专注于以产品为中心的内容旁观者？还是致力于故事化营销和故事化销售的领导者？使用这个框架，就能够诊断出你的机构目前所处的位置，并一步步引导你从以广告为中心向以故事为中心转型。

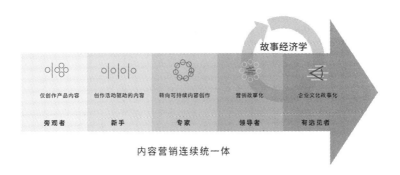

内容营销连续统一体

旁观者

旁观者沉迷于过去。这些公司在自我欣赏、自吹自擂和空口许诺中自我感觉良好。像所有的瘾君子一样，他们看不到其他人并不理解他们的自我沉溺。因此，这类企业的首席营销官必须像治疗师一样，改造管理层、市场团队和销售团队的想法，引导他们专注于消费者的需求和愿望，而不是他们自己。

新手

新手品牌迈出了第一步，发布了以客户为中心的内容，但与领先于他们的竞争对手相比，新手仍然是新手。老掉牙的广告策略让他们神志不清，这就意味着他们会在短时间内零星发布内容，一旦察觉到这种技巧呈现颓势，他们就会把大部分营销预算用于从媒介手中购买受众，并且他们的内容也是雇用媒介业务人员来创作并且发布的。

例如，新手公司有时候会从媒体公司购买广告位，发布一次性的信息式广告，帮助潜在客户掌握某个和品牌产品相关的技能。这类内容可能帮助用户解决问题，同时证明品牌可以成为有用的顾问。

先锋基金公司开设了退休计划专栏，还提供计算器，帮助潜在客户了解为什么他们应该在每个纳税年度一开始的时候往储蓄账户里存钱，而不是在纳税年末。佳能公司赞助知名摄影师的采访，他们分享的灵感帮助摄影爱好者找到锻炼摄影技术的创新方法。

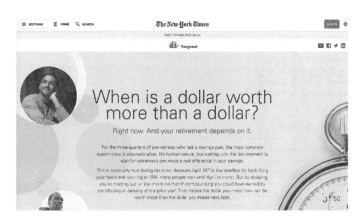

先锋基金公司在《纽约时报》网站做的退休计划专栏广告页面

事实上，你可以从《纽约时报》的内部团队T品牌工作室里购买本地广告包，这项服务能够帮助你开发信息式广告和推广方案，用于吸引《纽约时报》的订阅者。

社交平台几年前就看到了这个机会。当各种社交媒体首次上线时，它们出售广告位以获取利润，购买广告位的公司可以随意向任何人发布任何内容。那段时期，这些品牌享受着他们的内容被消费、评论和分享时带来的广泛社交影响力。但很快，社交平台就改变了他们的算法，排除了收获自然受众的可能性。[5]

在社交平台的各种广告位

所有短期的基于活动的解决方案都像它的定义一样，缺乏定期发布的节奏，所以消费者没有返回的动机。单凭这个原因，活动驱动的内容策略就无法产生颠覆性的结果。它为新手提供了测试水深的简单途径，但仅此而已。

专家

专家性质的企业并不依赖一次性或基于活动的习惯。相反，他们给予客户可靠经验，持续性地教育、启发并且娱乐受众。例如，口腔护理中心就是高露洁送给消费者的礼物。[6]

　　在高露洁网站的这个栏目中，当前客户和潜在客户都可以找到关于保持牙齿和牙龈健康的有用信息，以及面对拔牙和植牙等更复杂的牙科问题的小技巧。有口腔问题的人们上高露洁网站寻求解决方案的频率远远超过访问WebMD和梅奥诊所等传统医疗网站。

　　高露洁网站为何能成为消费者最信任的口腔信息来源呢？口腔护理中心的团队首先去寻找顾客搜索度最高的话题，随后创建相匹配的内容。然后，他们对每篇文章进行优化，以便在搜索查询中排名靠

Google　　how many teeth do we have

All　Images　Shopping　News　Books　More　　Settings　Tools

About 121,000,000 results (0.93 seconds)

32 teeth

At about age six most children begin to lose their baby teeth, which are then replaced with adult teeth. This process will continue into their early teens. Adults have more teeth than children; most adults have **32 teeth**. Among these teeth are 8 incisors, 4 canines, 8 premolars, and 12 molars (including **4 wisdom teeth**).

How Many Teeth Do We Have | Colgate® Oral Care
www.colgate.com/en/us/oc/oral-health/...teeth.../how-many-teeth-do-we-have-0113

About this result　　Feedback

People also ask

How many baby teeth do you have?

How many teeth do you have at the top of your mouth?

How many teeth do you have when your 3 years old?

How many different types of teeth do humans have?

Feedback

How Many Teeth Do We Have | Colgate® Oral Care
www.colgate.com/en/us/oc/oral-health/...teeth.../how-many-teeth-do-we-have-0113 ▾
At about age six most children begin to lose their baby teeth, which are then replaced with adult teeth. This process will continue into their early teens. Adults have more teeth than children; most adults have **32 teeth**. Among these teeth are 8 incisors, 4 canines, 8 premolars, and 12 molars (including **4 wisdom teeth**).

谷歌搜索关于牙齿的信息，第一个推荐网站就是高露洁

前。[7] 通过优化搜索内容，高露洁网站提供的体验成为用户搜索的最后一站，在这里，消费者能够找到全部所需。每个月，高露洁网站都会扩大受众群体，并同受众建立起持续的关系。

此外，高露洁从不利用口腔护理中心推广高露洁产品的优势。如果品牌将内容的重心从为客户提供帮助转到昔日的自夸和允诺时，品牌就失去了可信度。

相反，口腔护理中心的内容让高露洁成为口腔健康方面的绝对领导者，为潜在客户带来显而易见的益处。高露洁从创建品牌相关的内容转变为创建客户实际在寻找的内容，从而一举成为内容营销方面的专家。

领导者

当企业从持续创造内容转向持续故事营销时，就会逐渐发展成为内容营销的领导者。

四年前，IBM将旗下的安全产品和服务统一并入IBM安全事业部。如今，这个事业部拥有8000名安全方面的专业人员，自2015年以来增加了1900名。IBM的安全业务价值20亿美元，仅2016年一年就实现了两位数增长，增长率是市场的2倍。

IBM安全事业部副总裁卡莱布·巴罗解释了他们在营销方面面对的特殊挑战："我们面对的是非常技术性的问题，非常复杂，并且在某些情况下会非常可怕。因此我们需要具备向人们解释清楚的能力，等客户理解问题之后才会采取行动。我们提供并不是类似协作系统这种你每天都会登陆使用的产品，而是一种终端用户最好永远看不见，甚至最好永远用不上的的产品。但是吧，你最好确保一旦用得上的时候它在那里。所以讲故事变得尤为重要。"[8]

IBM安全事业部的领导意识到首席信息安全官和大众的需求截然不同。卡莱布·巴罗说："当我们谈论网络攻击的时候，大众媒体关注的是谁干的、为什么这么干……但如果你是下一个潜在目标，你关心的是攻击是如何发生的。不是'为什么'，也不是'谁'，而是'具体怎么做的'。如果我们关注的是'如何发生'，那我们就有机会解决这个问题。"

IBM安全事业部意识到，如果创建一份记录安全领域"如何发生"问题的日志，就能够吸引首席信息安全官、首席执行官以及其他关心安全问题的董事会成员。由此诞生的SecurityIntelligence.com屡获殊荣，这一网站不仅报道关于黑客攻击、恶意软件、数据盗窃和软件漏洞等将企业置于危险境地的突发新闻，并且分析其他企业如何防患于未然。[9]每月有成千上万首席安全官、首席信息官、首席技术官等高管访问该网站，并且对IBM提供的帮助充满感激。

这种途径与广告有何不同？消费者为什么会相信IBM提供的信息，而对品牌广告充满不信任呢？卡莱布·巴罗深知，企业在自我吹嘘和过度允诺的同时也在丧失可信度。因此，SecurityIntelligence.com大部分内容完全没有提及IBM、它的产品或服务，只是单纯地提供IT专业人士工作上需要的信息。由此产生的结果是，许多人对IBM在信息技术安全的信任度甚至超过了传统新闻媒体。

有一次，IBM 监测到了针对石化工厂的黑客攻击，并在SecurityIntelligence.com上公布了它的检测结果。整个世界都在聆听IBM

BROUGHT TO YOU BY IBM

SecurityIntelligence (34) NEWS TOPICS INDUSTRIES X-FORCE RESEARCH MEC

Home > Industries > Energy & Utility >

Massively Distributed Citadel Malware Targets Middle Eastern Petrochemical Organizations

September 15, 2014 | By Dana Tamir

IBM发表在SecurityIntelligence关于黑客攻击的检测结果。

的声音。

这篇文章在SecurityIntelligence.com上发表之后，《纽约时报》、《华尔街日报》、美联社、汤森路透等传统新闻机构引用SecurityIntelligence.com的看法，在全球范围内转播了这则故事。

"如果你购买的是安全产品，那么就像是给孩子买安全座椅一样——你只会对最可靠的产品感兴趣。"卡莱布·巴罗解释说，"这

167

The New York Times

Bits

Middle Eastern Petrochemical Plants Are Targets of Hackers

By NICOLE PERLROTH
SEPTEMBER 15, 2014

SAN FRANCISCO — Security researchers at IBM said they had uncovered a series of hacking attacks aimed at Middle Eastern petrochemical companies.

The researchers, at IBM's Trusteer division, said the hackers were using a variant of financial malware known as Citadel, which was first discovered in 2012.

Citadel was originally engineered to steal victims' banking credentials by capturing their keystrokes and taking computer screenshots. But the researchers said that hackers targeting petrochemical companies have altered Citadel to add more functions: to take complete control over a victim's PC and allow hackers to gain access to a victim's corporate network. They have also made modifications in the malware to evade antivirus products and traditional security controls.

Dana Tamir, director of enterprise market research for IBM's Trusteer division, and Diana Kelley, the energy and utilities lead for IBM's security systems, said their discovery was particularly disconcerting because petrochemical plants are a "high-impact, high-value target." By hacking into a petrochemical plant, the attackers could gain access to manufacturing processes that would allow them to

《纽约时报》引用了IBM关于石化工厂的黑客攻击的检测结果的报道。

是很实际的考虑，但是也涉及情感。"

　　当企业高管决定在企业安全方面加大投资的时候，他们一定会先考虑IBM安全服务，因为通过阅读SecurityIntelligence.com上分享的故事，IBM成为了他们值得信任的顾问。（10）这是所有内容营销领导者深谙的秘诀。

用故事驱动需求

在第八章中，我们了解到品牌打造的目的型故事必须遵循一条重要原则：故事的核心价值必须与品牌的核心价值保持一致。只要核心价值与品牌承诺相匹配，这些故事的背景设定可以与销售的产品无关，比如说可以考虑以冲浪作为能量饮料的故事背景。在红牛的案例中，故事设定与企业价值都是让你从疲惫不堪到充满活力。如今红牛在以故事为中心的市场营销上下了很大功夫，但在此之前品牌和极限运动之间并没有任何关联。

然而，在需求开发或潜在客户开发营销领域，我们对故事形式的使用方法略有不同。在需求开发或潜在客户开发故事中，主角通常是消费者或潜在消费者。激励事件发生的主要原因或次要原因是主角没有使用你的企业提供的产品或服务。这一激励事件对消费者产生负面影响。于是主角脑海中产生欲望对象，认为你提供的产品或服务能够帮助他达成目标。

需求开发或潜在客户开发故事通常以积极的方式结束。主角在你的产品或服务的帮助下得到欲望对象。但是也有一些案例中，故事以负面收场，暗示着主角遇到灾难，比如奥多比公司著名广告"点一下，宝贝，点一下！"。[11]这则广告始于一家昏昏欲睡的百科全书公司。激励事件是网络访问量和订单量激增，销量一飞冲天。消息很快传进首席执行官的耳朵中，他宣布："我们杀回来了！"随后调动世界各地供应商资源，迅速跟上生产速度。纸张需求的激增导致商品市场上木浆价格飞涨，但这段情节的末尾揭示出驱动百科全书需求的并不是市场，而是一个喜欢点击iPad上的"购买"按钮的小宝宝。随着这一场景淡出，观众知道故事中作为主角的企业和首席营销官面临着经济灾难。但故事结束后，奥多比公司以这样的信息向观众传递出积极感受："你知道你的营销在做什么吗？我们可以提供帮助。"最终这条信息表明，如果你明智地购买了奥多比公司的数字营销解决方案分析企业数据，那么你的命运不一定和故事中的首席执行官一样。

为了让以负面告终的故事产生效果，营销人员通常会选择喜剧形式，就像奥多比公司的上述广告一样。喜剧的基本原则是没有人真的受到伤害。如果不采用喜剧形式，就有可能让受众对你的品牌产生负面情绪，比如2014年，Nationwide公司的广告《男孩》恶评如潮，投资于超级碗广告时段的几百万美元打了水漂。他们的广告以一个让人产生共鸣的年轻男孩为主人公，结果却在广告中让主人公死于浴缸之中。[12]广告播出的第二天，《今日美国》就报道了Twitter上的用户对这种滥用故事形式的广告产生的负面情绪。[13]

Nationwide公司的例子表明，如果使用故事形式的方法不恰当，有可能会伤害公司形象，正如精彩并且巧妙的故事能够为公司带来正面反馈一样。

创作？授权？展示？

当首席营销官推出长期内容营销体系时，故事来源于哪儿呢？原创作品？从其他渠道取得授权？还是展示其他人创作的故事？

创作故事驱动的具有可持续性的原创内容并不容易。具有这种雄心壮志的营销人员必须制定长期战略，取得内容营销平台的授权，招聘创意人员，并执行管理、审核、优化内容的流程。保持长期发布精

Patton Oswalt @
@pattonoswalt

The second I see a kid in one of these
commercials I immediately assume they're
going to die. Thanks, Nationwide!
#SuperBowl

4:50 PM - 1 Feb 2015

1,763 Retweets 2,676 Likes

Christopher Moore @ @TheAuthorGuy · 1 Feb 2015
Replying to @pattonoswalt
@pattonoswalt @Wadatahmydamie Or de-feeted

..rob fee.. @
@robfee

"Hope you guys are having a great day. Did
you know your kid is probably gonna die
soon? Enjoy your nachos & funeral planning!"
- Nationwide

4:27 PM - 1 Feb 2015

462 Retweets 608 Likes

Amy Murrin @amycorrin · 1 Feb 2015
Replying to @robfee
@robfee @ohexouseme awfulest commercial. My kid just freaked and thinks he's
gonna die in he bath tub now.

营销人员在推特上维护账号，创作吸引人看的故事。

彩故事需要时间、资金和资源。

　　出于这个原因，一些营销人员想走捷径，想取得授权或者展示其
他人的故事。授权内容意味着向媒体公司付一笔费用，购买写好的故
事或者拍摄好的视频使用权。展示不用付费，只要引用媒体故事并且
让受众跳转到原始连接就可以。

　　尽管授权或展示内容更便宜也更快捷，但两者本质上都存在缺陷。
如果走这两条捷径，如何能够和竞争对手区分开？如果竞争对手模仿
你，使用相同渠道的相同内容怎么办？更重要的是，如果你使用授权或
展示内容，如何像IBM安全服务那样展现你的思想领导力和专业性？

美世咨询公司提供咨询和技术驱动的解决方案，帮助公司满足员工不断变化的健康、财富和职业需求。美世的全球首席营销官詹妮·马伦利用美世作为健康、财富和职业思想领导者的身份创造故事，驱动企业的市场营销。在近期一次采访中，马伦解释道："技术正在彻底重塑我们的工作方式以及与同事互动的方式。我们在全球140个国家的办公室共有超过21000名员工，我们在客户的前线研究企业应当如何适应并利用这种变化。我们是这个领域的专家。我们也必须是专家，因为这与我们休戚相关。客户想要在竞争中取得成功，就需要获取这些信息，而除了我们没有其他任何地方可以提供这类信息。"[14]

马伦和她的团队近期推出了美世数字化洞察服务，[15]分享他们对瞬息万变的市场的发现。例如，她解释说："当今对人才的竞争十分激烈。千禧一代想从工作中收获的东西和上一辈不尽相同。他们知道世界变化的速度有多快，所以和X世代刚进职场时的需求相比，千禧一代更关心工作中的持续教育和新技能的培养。企业不能只向这一代人展示传统的福利待遇；他们还需要向这些潜在员工表明，企业如何帮助他们为未来的职场流动做好准备。

"此外，在自动化程度日益提高的领域，我们目前正在帮助公司培训员工适应协作机器人。如何指导员工与机器携手合作？他们可以期待什么？如何互动？有哪些安全须知？还需要什么额外的培训？如何设计机器实现更好的人机交互？"马伦整合全球各地美世专家的见解，通过美世数字化洞察服务分享给客户，既用原创内容展现了企业独家专业知识，也为客户及潜在客户创造了价值。

与此同时，马伦发现了创作原创内容的另一个优势。如果品牌从不同渠道获取授权内容或展示内容，它会丧失自己专属的声音。每个媒体公司创作的内容都有自己的角度、独特的语气和调性。"我们创作的内容必须能够代表美世的精髓，"马伦解释说，"如果不是，就无法与客户建立联系。"

若想取得成功，请用自己特有的声音讲述原创故事，并保持持续性。把这一点贯彻始终，你也能成为内容营销领域的领导者。捷径是走不通的。

大胆假设

营销主题的五个传统来源（起源、历史、愿景、产品、消费者）提供了丰富素材，但在时间和数量方面有一定的限制。如果首席市场营销官的愿景超出了这些限制，那么他如何几十年如一日地大规模开展国际化内容营销呢？

1975年，当时世界上最大的航运公司英国铁行轮船公司（P&O）与执行制片人艾伦·斯班林达成合作，将他们的"太平洋公主号"作为斯班林的新电视节目《爱之船》的场景。十多年来，每周观众都坐在电视机前，花一小时观看一群迷人的嘉宾登上"太平洋公主号"，在几近完美的天气中驶向绝美的目的地，在那里谈情说爱。《爱之船》成为黄金时段排名前五的电视节目，被翻译成数十种语言，直到今天仍在播放。

公主邮轮的总裁珍·斯瓦兹告诉《全球之声》新闻网站："我认为在这档电视节目之前，几乎没有人听说过在船上度假的想法……因此，电视节目所做的就是将这种美好的海上度假概念引入美国家庭的生活中。"[16]

节目的编剧并没有直接售卖英国铁行轮船公司的度假航线。他们只是单纯地制作浪漫喜剧，将爱情和乐趣与公主号邮轮品牌联系起来。节目刚播出的时候，每年只有50万美国人会乘坐邮轮度假，如今却有超过2000万人启航。公主号邮轮凭借《爱之船》，从1975年的2艘船扩张到如今的18艘船，令公司年收入增长了9000%。[17]

当今的企业是否应当创作自己专属的电视节目？或者野心更大一点，考虑购买球队的冠名权或转播权？

每场体育赛事都在讲述一个生动的故事。每场比赛都铺陈开一个关于胜利/落败的动态故事，从激励事件（开球）渐进到高潮（决胜球/最后一次推杆/时间显示00:00）。更重要的是，运动能够衍生出关于选手、教练、官员和球队的无限故事。

对于像可口可乐、万事达卡、百威英博啤酒集团或通用汽车这样的大公司而言，是否可以考虑购买球队、联盟甚至国际冠军的相关权利，用这些赛事或者衍生主题创作内容营销的物料？

2014年5月17日，《纽约时报》报道NBC Universal已取得2022年至2032年的六次奥运会的转播权。NBC Universal为此支付了77.5亿美元，这一高昂成本不仅为了获得电视转播权，更为了确保《纽约时报》所形容的"获得在2032年之前有可能涌现的任何技术的独家权利"。

这项交易因为天价成为头条，但是NBC Universal相信这项投资会带来回报，因为体育赛事成为传统广播电视广告模式的最后壁垒。《纽约时报》报道称："由于更多观众选择依据自己的时间表来消费媒体产品，通常还是免广告的，广播电视公司认为现场活动是唯一能够驱使大多数观众实时观看的内容，既能够广泛吸引受众，又不会屏蔽广告商。"

广播电视广告模型在体育赛事中仍然表现出色，但这是否意味着大品牌应该将这块阵地让给媒体公司和老旧的广告模式呢？大品牌在竞价上未能战胜NBC Universal，是否错过了机会？

我们不妨计算一下。可口可乐每年在全球营销中花费约40亿美元。[18] 2022年至2032年的十一年间，可口可乐的营销预算将达到440亿美元。NBC Universal的出价约是这一数字的17%。获得在北美转播奥运会的权利，与全世界分享它的故事，这对于可口可乐来说是一掷千金的赌注，占据了总营销预算的很大一部分。

另一方面，每隔两年，世界就会关注到可口可乐，并且只关注可口可乐，因为人们热爱奥运故事——从长达一个月的赛事到无限的衍生产品，人们热爱所有的故事。只要把NBC的孔雀商标换成可口可乐的商标，后者就能够创造出将产品与奥运的快乐连接在一起的差异化体验。

去年共有6000亿美元投放于中插广告。大企业需要决定是否购买奥运会、世界杯或者超级碗这类可能带来回报的赛事转播权，也需要决定是否制作他们自己的《爱之船》，为和受众建立长远联系的可能性买单。

但有一点是确凿无疑的：随着广播电视的广告模型迅速衰落，分享原创的真实体验或虚构故事将成为大品牌的唯一选择，只有这样做，他们才能够在消费者驱动的世界中令自己的品牌脱颖而出。这也同成本相关。业内领先的公司可以在每年花费的数百亿广告费用中划出一部分，轻松地转型成为国际化的故事讲述者。

预算较为紧张的小公司别无选择; 他们没有能力把宝贵的资本放在效益逐渐递减的广告上。他们的未来取决于对故事手艺的掌握。

高瞻远瞩

成立亚马逊之后几年，创始人杰夫·贝索斯感觉到管理团队成员正在渐渐失去锐气。他们的想法听上去沉闷刻板，思考过程浅薄无序。 他必须知道为什么。深入研究之后，杰夫·贝索斯发现了一个令人惊讶但显而易见的原因: 高管们忘记了如何思考。

亚马逊高管热衷于设计PowerPoint幻灯片做演讲，但从不费心思考事情实际运行的逻辑及因果关系。他们忽视想法，不分轻重缓急，忽视了亚马逊内部以及在亚马逊、市场、技术及国内外政治力量之间的联系。贝索斯需要开放性的思想、深入的思考，也就是具备深度和广度的有长期洞察力的高管。2004年6月，他亲自把下属备忘录发送给高管层:

> From: Bezos, Je
>
> Sent: Wednesday, June 09, 2004 6:02PM
>
> To: [REDACTED]
>
> Subject: Re: No PowerPoint presentations from now on at S - team
>
> A little more to help with the question "why." Well - structured, narrative text is what we're after rather than

just text. If someone builds a list of bullet points in Word, that would be just as bad as PowerPoint.

The reason writing a good six - page storied memo is harder than "writing" a 20 page PowerPoint is because narrative structure forces bet - ter thought and better understanding of what's more important than what, and how things are related.

*贝索斯的邮件主题为"从今天开始高管层不做PPT汇报"。他认为需要的不是内容，而是结构得当的叙述性内容。撰写6页故事化的备忘录比写20页PowerPoint难，因为叙述结构强化了思维，也帮助更好地理解事物的重要次序以及它们如何相互关联。

正如贝索斯后来对查理·罗斯说的："传统的企业会议始于演讲。有人用PowerPoint做展示，就是某种类型的幻灯片。在我们看来，你从中获得的信息很少，只是一些要点。这对主讲人来说很容易，但对听众来说很难理解。因此，我们的会议改为以6页叙述为结构。当你必须用完整的句子和段落写下想法，并讲述一个完整的故事时，它迫使你的逻辑更加清晰。"

贝索斯告诉罗斯，以故事形式思考意味着要付出更努力。高管们不得不思考影响亚马逊的所有互相连接的因素——从下到上，从过去到未来，从个体到全球。因此，每次会议前，高管团队必须创建、撰写、打印、发送一份6页纸的故事。接下来的20分钟或更长的时间里，团队围着桌子安静地读这些故事。这被贝索斯称为"自习时间"。

贝索斯制定了这种方法，因为他希望团队成员先考虑故事结构的因果逻辑，包括纵向还是横向。纵向指的是深入思考："隐藏在目前发生的事件背后的真实、深刻、不可见的原因是什么？"横向指的是以事件为坐标考虑："哪些过去的事件引起了这件事的发生，这些隐秘的原因又会对未来产生哪些影响？"

亚里士多德建议雅典的商业领袖"像智者一样思考，像普通人一样说话"。哈佛商学院将这句格言重述为"复杂地思考，简洁地表达"。二者都成立。如果你在酒吧的吧台旁边坐下听周围人说话，你会听到什么？故事。像普通人一样简洁地表达并不是说使用小学词汇。它的意思是从知识和经验中获取思考的要旨（智慧/复杂性），然后将它们用因果相连的动态事件表达出来（普通人/简洁）。

正如我们一再强调的，人类沟通的典型模式就是故事。而它非典型的一面是多年来的辛苦教育和来之不易的经历赋予你的智慧。所以当你开口时，你分享的故事对其他人很重要。

像贝索斯一样有远见的领导者会让整个企业都故事化。他们以故事的形式向两个方向传递信息：世界以及企业。他们使用故事向外推动市场的销售，对内塑造执行思维。故事（而不是数据）是他们组建优秀团队、设计产品、分析战略、策略性规划、销售、服务以及领导的工具。

一旦有远见的领导者掌握了故事形式，他们就会在整个企业中贯彻技艺。在未来的著作中，我们会进一步探讨这是如何实现的，如何使用故事改革整个企业的内部生活。

第十一章 建立受众群体

Building Audience

　　人类的第一个故事诞生在洞穴内的篝火旁。人类围着篝火跳舞吟唱，听部落首领将他们的知识一代代传诵下去。古文明在庙宇和金字塔的墙壁和石头上刻下他们的神话与传说，世代诵读，永世不灭。就像不朽的荷马史诗和查尔斯·狄更斯心爱的小说一样，美妙的故事不只是被讲述，而是被人们口口相传，一遍遍重复。伟大的故事吸引人们抵达未来。

赢得受众

　　想想看美国国家公共广播电台的现象级节目《美国生活纪事》。《美国生活纪事》在广播和播客中推送非虚构故事，每周美国和海外的听众总计超过200万。它的衍生产品包括电影《告密者》和数字音频系列《连载》，后者的下载次数已经超过了1亿次。[1]《连载》的第一季在iTunes的播客中连续数周排名第一，《纽约时报》《琼斯母亲》和许多报刊都进行了报道。

为什么？如何解释这些真实生活的故事片段何以受众甚广？

有三个要素：主题、执行和质量稳定。

《美国生活纪事》的制作人艾拉·格拉斯选择的话题能够激发人们的强烈兴趣：育儿、约会、变老、音乐、科学、体育诸如此类。主题选定后，他监督优秀故事创作者进行工作，最终保证节目的故事手法在二十年间始终保持一流。听众知道每周的故事都将引人入胜，从不让他们落空。

成功的品牌故事步骤大多都相同：（1）选择让观众着迷的话题，用他们最想听到的信息和见解满足他们的期待；（2）聘请最优秀的创意人才，将这些话题进行戏剧化的处理，转化成引人入胜的故事；（3）即使随着时间推移，也依旧保持卓越。像《美国生活纪事》一样巧妙地将这三个步骤付诸实践，你的营销就能够逐步建立广泛而忠实的受众群体。

最重要的是，不要把预算的大部分放在购买广告到达率上，只留一小部分用于故事创作，这是极其常见的预算错误。在最好的情况下，你会得到几个值得讲述的故事，但客户消费完之后很快就会丧失兴趣，因为你无法保持稳定的质量；而在最差的情况下，你会在媒体投放上花大价钱，推广一堆讲得很差的故事，让人们开始厌烦，反而损害品牌。

了解互联网的营销人员清楚，用故事打动第一个观众是艰难的一步，但后续的营销全靠故事的自我传播与放大。为了让故事的投放产生直接影响力，他们利用自然搜索流量源和社交媒体技术，在不烧钱的前提下取得成效。

利用互联网的发现结构

每天都有大量内容如洪流般倾入互联网：170万博主在10.3亿个网站上发布日志，在微博客Tumblr上发布3960万个帖子，人们在Instagram上分享2480万张照片，在Twitter上发表推文2.47亿次。[2] 在这样庞大的洪流中，如何才能制造影响力？

若想突破噪音被人们发现，并且留住受众，就必须充分利用互联网基础结构的三个杠杆：自然搜索、有机社会化媒体、邮件营销/营销自动化。

自然覆盖：搜索

今天，人们想得到某个问题的答案时，会径直求助于互联网。每月，全球预计有38亿互联网用户[3] 在网上进行超过1750亿次搜索。[4] 正如我们先前在本书中提到的，85%的时间内，人们搜索的时候并不会点击搜索结果附近的广告条。[5] 为了捕捉另外那难以捉摸的15%，2016年，市场营销人员在搜索广告上花费了约816亿美元。[6] 基于这些数据，我们可以感觉到，那些只点击搜索结果而不点击广告的自然搜索受众，他们的市场价值大约在4000亿至8000亿之间。

上面这些数字是如何得出的？很简单，搜索者点击搜索结果的频率大概是点击广告的5—10倍。而正是针对搜索同样短语的同一批搜索者，营销人员却花费数百万美元，想要通过投放搜索广告来影响他们。[7]

过去的二十年中，营销人员为了争取这些能带来极大利益的"有机"受众而展开激烈竞争，并产生对搜索引擎优化（SEO）的需求。搜索引擎优化的早期雏形是识别出人们搜索频率较高的关键词和关键短语，这种方式能够可靠地分辨出人们想要什么样的信息。同时，这一方法让企业能够理解消费者如何寻找信息，以及人们会在搜索时使用哪些特定的词汇及短语，哪些不太常见。

掌握了这些信息之后，营销人员试图把人们经常搜索的关键词塞进企业在网络上发布的各种内容中，从而"欺骗"搜索引擎。"关键词堆砌"成功骗过了Lycos和AltaVista等基于相关性的搜索引擎，搜索结果的质量通常令人难以忍受。消费者越来越经常发现塞满关键词的低质内容（在极端情况下甚至是无关内容），而不是他们寻求的可靠信息。

进入谷歌时代

1998年，谷歌另辟蹊径，依靠名为"PageRank"（网页排名）的核心算法对搜索结果进行排序。有了PageRank技术，谷歌能够基于相链接的相关网站的数量鉴别出某一网站的权威性。谷歌使用PageRank优先展示权威网站的内容，较不知名的网站排在后面。依靠这项可靠的新技术，谷歌令高质量内容浮出水面，从而成为世界上占主导地位的搜索引擎。

营销人员可没那么容易被击败。他们追逐着价值数十亿美元的自然搜索，很快适应了新的游戏规则。营销人员购买其他网站的链接位置，使其链向自己的网站，这样他们就能够继续在谷歌的搜索结果中排在顶部了。虽然谷歌禁止这种操作，一经发现会加以惩罚，但购买链接的行为直到2010年仍然很普遍。[8]

2011年2月23日，Google推出统称为"熊猫"（Panda）的新算法，[9]之后不久又推出了附加算法"企鹅"（Penguin）和"蜂鸟"（Hummingbird），新算法有效地改变了游戏规则。谷歌越来越关注内容质量和用户参与度，现在它的算法在确定搜索结果排名时会考虑上千个影响因素，同时每年对这些因素进行600次调整。

谷歌的目标很简单：为用户提供最高质量的搜索结果，在未来数十年内保有搜索引擎霸主位置。企业的搜索引擎优化经理花费很多时间分析每个新版本，寻找短期利益的机会，但其实你最需要做的是理解谷歌的宏观目标，制定与之匹配的战略。为了持续利用自然搜索获得受众，你应该从早期的搜索引擎优化和故事经济学模型中分别学到关键一课。

从搜索引擎优化中，我们应当学到分析搜索数据，识别出用户关心的话题，以及他们搜寻话题的多种不同方式。谷歌的AdWords和Trends工具可以让你对这些问题的答案建立深入洞察。SEMrush和SpyFu提供更细腻的质感。讲述客户想要的故事，在你的写作中加入客户在搜索的特定词汇，就能够打动自然搜索的受众。

而从故事经济学模型中，你能够懂得为客户和潜在客户创造原创高品质体验的重要性。谷歌、必应和其他搜索引擎会继续致力于创造技术，将独特的高质量体验同复制品和低质内容区分开。为消费者提供出色的故事不仅能够展现自身美丽，也能够提高通过自然搜索吸引用户的可能性。

自然覆盖：社交

有了Facebook、Twitter、LinkedIn、Instagram、YouTube、Reddit和Tumblr这些社交平台，人们比以往更频繁地分享他们喜欢的故事，并且传播范围更广泛。单单是在Facebook上，人们每天分享内容的频次高达47.5亿次。[10] 全球有16亿用户登录Facebook，查看朋友分享、喜欢和评论的内容。[11]

成千上万的听众在社交媒体上分享对播客节目《连载》的热忱，在社交话题的影响下，《连载》的听众数量迅速增长。《连载》的成功表明，讲述精彩的伟大故事一经发现，它的传播会像瀑布流一样广泛有力。

企业一旦从自然社交中尝到甜头，它的影响力也会像瀑布流一样，通过Facebook上的"分享"和"喜欢"收获显著的到达率。然而正如第十章中提到的，2014年末，Facebook改变了算法，严格限制品牌内容的自然到达率，为的是让营销人员不得不提高投放于Facebook广告的预算。[12] 例如，Facebook的信息流中不再显示品牌分享的内容，只保留用户的分享和企业的付费广告位。尽管发生了这些变化，你依旧可以通过社交媒体收获有显著的受众到达率。为此，一定要谨慎选择契合企业故事的创意人士。

影响者营销：干得漂亮

影响者营销已经存在了几个世纪之久，它的起源至少可以追溯到18世纪60年代。当时乔舒亚·韦奇伍德利用王室的推荐，在潜在消费者的脑海中建立品牌价值。[13]

184

页码184

社交媒体的出现令有影响力的人可以直接向追随者推荐品牌产品，于是这种做法开始激增。营销人员争先恐后地寻求在社交媒体上有影响力的专家、行业领袖、名人和YouTube明星背书，销售他们的产品。[14] 有时候营销人员只用寄送免费样品给这些网络红人，希望产品能够在他们的Instagram或Twitter上得到曝光，而对于影响力更大的网络红人，品牌通常要付出可观费用。据《纽约时报》报道，"品牌和网红的中介公司Captiv8称，粉丝在300万至700万之间的网红平均每条YouTube影片可以收费187500美元，每个Instagram或Snapchat图片收费75000美元，每个Twitter上的推文为30000美元。粉丝在5万至50万之间的网红YouTube报价为2500美元，Instagram或Snapchat为1000美元，Twitter为400美元。"[15]

这种做法面对的挑战在于，许多有影响力的人以牺牲自己的信誉为代价，推荐他们根本不了解的产品或者体验。更糟糕的是，成熟的消费者早已识破广告的自夸和承诺，他们当然也可以一眼看穿这些产品代言和植入广告的游戏。[16] 影响者营销对影响力的滥用很有可能会令其走上广告的老路，失去消费者的信任，让粉丝不再为网红的代言买单。[17] 幸运的是，具有前瞻性的营销人员有更好的方法利用这种力量和消费者建立联系。

为消费者创造内容营销体验的时候，选择合作方的第一个条件必须是他们的专业知识和讲故事的技巧。但是在做出选择的时候，请注意创意人才的职责不仅是为你的品牌创作故事。如果你选择的合作方不仅是该领域的专家，优秀的故事创作者，而且还能针对你想传达的主题选择合适的影响者，那么这些影响者为你的品牌带来的不仅是受众，还有信任度。

在影响者营销平台上，你可以找到各个领域的影响者，他们写作的主题从波利尼西亚旅行到蛋白质组学，包含任何你能想到的内容。这些平台衡量的不仅是创作者的影响力，更重要的是他们的故事是否能够引起共鸣，他们的粉丝会不会分享、回复或者在这些故事下面点亮"喜欢"按钮。

若想让你的方案收获足够多的自然社交到达率，你需要：（1）招募能够为你的品牌带来受众的创作者；（2）建立分红方案，依据内容到达率给创作者回报，让创作者有动力向粉丝进行推广；（3）衡量哪些贡献者和社交渠道能够为内容引流最多受众，未来的项目集中同这些表现更突出的合作方建立合作。依据Facebook、Twitter和LinkedIn这类社交平台的算法，个人用户分享的企业故事不会被过滤，所以这种方法能够让你的品牌故事获得意义重大的自然社交影响力。此外，如果你选择的主题是消费者关心的，合作的影响者是这些主题的专家，并且他们能够提供消费者想要的内容，而不是单纯为你的产品当托儿，那么消费者一定会享受并且信任你提供的真实体验。

他们讲述的故事

这指的不是我们讲给消费者的故事，而是消费者怎样讲我们。口碑营销协会（WOMMA）发现，产品销售额中的13%源自消费者同朋友们分享的品牌体验。[18]口碑营销协会还报告称，产品和服务越贵，消费者分享的故事就越重要（如图所示）。

口碑营销协会的调研低估了口碑的影响，因为它只衡量了好口碑对销售额的影响程度，而没有把坏口碑对销量的影响纳入考察。结论很明显：如今的消费者审判企业的表现，并且公开发表他们的评论。请确保你的品牌值得打五星。

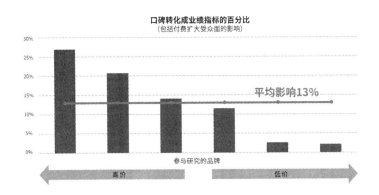

从讲故事到创作故事

万事达信用卡首席传播及市场营销官拉贾·拉加曼纳认为，品牌的机会不仅在于创作并向消费者讲述故事，还在于让消费者参与到故事之中。在最近的一次采访中，拉加曼纳解释说，科技让我们能够创造越来越多沉浸式体验。人类故事从口述变为写作，随后转为电影、广播和电视，声音和图像的加入让故事从讲述变为展示。近期，虚拟现实将观众的身份从外部观察者转为置身于故事设定之中的人。这一革新启发拉加曼纳提出这个问题："我们自己该如何改变讲故事的方式？"他得出的答案将万事达信用卡的"无价"传统广告活动转变为实验性质的营销平台，如今包括"无价城市"和"无价惊喜"。

> 传统故事让受众通过他人的生活间接感受到生活。
> 而在我们的"无价城市计划"中，我们说，"我们能不能让
> 它成为消费者自己的故事？"
>
> 例如，大部分信用卡公司都会在黑卡或者白金卡
> 上宣传自己的礼宾服务。只要你拨打礼宾服务的电话，
> 让他们代订百老汇的门票，你能拿到整场演出最好的座
> 位……观看演出。如果我想让你置身于故事中，我会直
> 接让你站到舞台上，把你变成一个角色。
>
> 我们还开创了"无价惊喜"体验，借用古老的"惊"和
> "喜"概念，把它变成一个长期计划。万事达在持卡人的
> 生活中创造意想不到的独特时刻。这些时刻无奇不有，
> 可能是在两个年轻艺术家录音的时候让歌手艾丽·高登
> 突然拜访，[19] 也可能是在持卡人买了一个木兰蛋糕店
> 的杯子蛋糕的时候额外赠送一个。这些惊喜时刻无论大
> 小，都有一个共同点：他们成为持卡人生活中的激励事
> 件，鼓舞他们将真实体验的故事讲述给他人。[20]

2014年，万事达卡与贾斯汀·汀布莱克合作推出首个"无价惊
喜"活动的第二天，拉加曼纳接到Twitter首席执行官迪克·科斯特罗
的电话，告诉他万事达已经击中了神经中枢。汀布莱克惊喜引爆了
Twitter，用户在他们的所有社交网络中分享品牌的故事。从那以后，

万事达卡在全球范围内提供了超过60万次"无价惊喜",推动无数故事在社交媒体上被消费者一讲再讲。

找回受众

如果你提供的故事有用并且有趣,受众简直迫不及待想听到更多。若想最大化品牌故事营销的回报,请充分利用邮件营销、营销自动化或客户关系管理等平台,让受众选择订阅你提供的故事体验。推送精心选择的故事会让受众频繁记起品牌,从而让品牌同用户建立更牢固的关系。此外,频繁的访问会增加在社交媒体上的分享率,帮助品牌影响到用户的朋友和同事。

个性化推荐

和老朋友在酒吧叙旧的时候,你会下意识地从回忆中选取你觉得对方会感兴趣的经历。你在头脑中衡量你对朋友的了解、你们的共同兴趣,优先选择讲那些对方很可能从来没有听到过的奇闻趣事。这样一来,你们的聊天就会更加愉快有趣,充满启发,比你一股脑儿地向对方倾诉这些年发生的每件事要强得多。在和每位受众沟通的时候采用同样的方法,才能建立更稳固的关系。

Janrain 公司2013年资助的一项研究发现"74%用户认为网站内容看上去和自己的兴趣毫无干系,并为此感到懊恼"。[21]然而尽管77%的营销人员意识到个性化体验对成功至关重要,其中的60%却在实践中并未做到这一点。[22]许多人试图将人群按不同类型的典型人格进行划分,为每种人格推送不同的电子邮件,但是依旧远远不能满

189

足个体的需求。

新的人工智能平台让你有机会忘记人格，实现真正的个性化。Skyword、LiftIgniter和OneSpot等公司提供的科技能够为每个受众创建匿名档案，依据受众过去认为最有吸引力的内容，使用先进算法进行判断，并从你的内容库中为每个人选择最契合的故事。

大部分网站依旧在使用基于标签的推荐，而基于人工智能的个性化推荐能够将受众消费更多故事的概率提高50%。在培育客户关系的电子邮件中使用个性化的故事建议，就可以将邮件的点击率提高50%至120%。[23] 简而言之，向对的人讲述对的故事可以带来更好的商业回报。

付费扩大受众覆盖面

一旦为受众创造了出色的体验，并且为每个人进行了个性化匹配之后，你就会想要让你的受众覆盖面最大化。

通过搜索和社交媒体建立自然搜索会带来最高的投资回报率，但若想大规模地产生影响力，大概需要6—18个月之久。此外，如果你只用自然方法吸引受众，品牌故事的影响力并没有达到最大化，只能说是次优的选择。付费推广提供了更快更广的途径，加速受众增长，使到达率最大化。例如，《连载》的第一期播客节目初期吸引的听众较少，但当《美国生活纪事》在广播中推广了这个节目之后，成百上千收听公共电台的听众开始尝试播客节目。一旦他们被节目吸引，就会不断回来收听更多故事。同样，若想快速建立种子用户，或者吸引人们访问你偶尔制作的高光内容的时候，不妨试一试付费推广。

制片人大卫·比比在迪士尼/ABC初获行业经验，六年间他一直负责监督电视和数字节目制作。2014年年中，大卫·比比察觉到未来营销将从广告为中心转向以故事为中心，因此离开了媒体界，出任万豪国际集团的全球创意及内容营销副总裁。大卫·比比负责监督万豪在内容方面的努力，包括旗下新品牌上线、建立品牌知名度以及吸引酒店住客。

万豪的长期刊物《万豪旅客》[24]吸引了大部分针对该品牌的搜索，除此之外，大卫·比比用为万豪的出色工作提供了媒体支持，其中包括短片《法式热吻》和《两个行李员，三个行李员》。

大卫·比比解释说："我们用我们积累的数据来定位品牌受众。我们将企业的数据同谷歌和YouTube上获取的数据结合在一起，首先识别出同万豪关系友好的商务旅客。

"随后我们采用YouTube提供的TrueView广告模式，[25]将万豪的短片作为前贴片广告进行投放。为此我们花费了媒体费用。如果有人去YouTube观看完全不相关的内容，这则视频广告就会呈现在他们面前。但因为内容足够有趣，他们一定会被吸引住。有80%的用户都会完整看完整个影片，YouTube的工作人员告诉我们在此之前从来没有任何广告达到这么好的效果。"[26]

聪明的营销人员在进行付费推广之前会先审视他们的自然搜索结果。哪些故事为品牌吸引了最多受众？这些数据会告诉你产品市场需求的最高点在哪里。哪些故事的参与度最高，引爆了社交媒体？这些数据显示出你的故事如何与受众产生连接，传递出意义深刻的价值。掌握这些信息之后，不妨尝试内容发现网络和有针对性的社会营销活动来吸引受众。Taboola、Outbrain、Nativo、TripleLift等内容发现网络以及雅虎和时代等媒体公司会在媒体网站上推广品牌内容，并按访问量收取费用。最近，实时竞价广告公司也开始提供相似的服务，在过去专门为广告预留的位置中分发内容。Facebook提供了强大的工具，能够将你创作的故事针对性地投放给最有可能欣赏它的受众。如今营销人员在付费推广上有太多选择，他们通常同媒介采购专员合作，管理并优化扩大覆盖面的渠道。对于那些想要自己管理媒介购买渠道的营销者，我们推荐Zemanta或Reactor Media等推广管理平台，他们的优化内容推广活动覆盖了很多上述提到的网络渠道。此外，通过Zemanta，营销人员可以衡量成本/目标成果，自动将他们的推广预算进行优化，集中投放在最具成本效率的渠道上。

虽然这些按点击付费的推广模式和新手推广本地广告时使用的付费推广模式相似，但是二者有一个本质区别：前者让你有机会留住被吸引的受众，而后者只是一次性的临时租用。

应当在付费推广上投放多少预算呢？大卫·比比解释说："我们正在尝试2∶1的比例。如果我们在影片拍摄上花费了50万美元，那么我们会花费25万美元用于营销和推广……这和我之前工作的电视界没有什么本质不同，但之前我们不仅会花费节目的预算，甚至会追加到双倍或者三倍用于营销。"

你的品牌或许不会像万豪这样在故事上投资这么大。付费推广在吸引受众方面产生的收益，无论如何衡量，都比自然累计客户要迅速得多。一旦你创建了能够吸引受众的体验，不妨考虑放大这一体验的影响力，进而让你的投资回报率实现最大化。

上述任一扩大覆盖面的选择都能够为你的故事吸引受众。评估单个访客成本，以及访客是否会逗留、返回或者分享你的内容，就能够判断出哪个选择更有效。接下来的关键步骤就是把这种评估和真正的投资回报结合起来。在第十三章我们将探讨具体方式。

第十二章 故事化销售

Storied Sales

在互联网时代，影响我们日常购买决策的是营销，而不是销售策略，并且这种影响从网络一直延伸到我们的家门口。当我们走出家门去购物的时候，就走进了更没有人情味的自助服务世界。我们在快餐厅用触摸屏点餐，自己往纸杯里装满思乐冰，把生活用品塞进购物车，然后自己结账，自己支付，自己装袋。

直到价格高昂到一定程度，买家和卖家双方的交易才能回到过去古老的更私人的关系。但是，为了与顾客面对面，销售团队需要引导。比如，在B2B（企业对企业）的行业，全部销售机会中只有25%—30%是营销引流而来的。[1]销售人员的直接开拓占据了45%—47%，而余下24%—29%来自推荐、合作伙伴以及其他来源。

今天的B2B销售人员配备了比以往任何时候都更好的工具，可以让他们识别、联络和跟进潜在客户。越来越多的销售支持工具可以帮助你找到潜在客户（RainKing、ZoomInfo）、发送信息、共享演示文稿、追踪收件人何时打开你发送的内容（Yesware、ClearSlide），甚至分析你的联系对象的个性（Crystal Knows）。

然而，CSO Insights发现，在过去的七年间，企业平均仅完成了销售目标的84%，而销售主管实现的业绩配额只有59%。[2]为什么？谁应该对此负责？目标设定不当？经济衰退？产品性能？任何一点或上述全部都可能是原因，但在这么长时间内蔓延全国的持续低迷说明了更多问题。问题首先始于过时的销售策略。

数字游戏

制定战略时，大多数销售主管只关注建立联系的数量，而不是质量。他们玩数字游戏，设置每月打电话或发送推销电子邮件的任务目标，因为历史告诉他们，打X个电话就能有Y次面谈，Y次面谈就能实现Z次交易。

这样的培训和新的科技支持让年轻销售人员玩命敲打着他们的电话和键盘。他们很有可能完成要求的推销电话配额，但这不重要，因为就算对方接了电话，他们也很难引起对方的兴趣。

让我们站在买方角度考虑一下问题。你这周收到过多少封推销邮件，大部分开篇都是自夸和承诺，或者更糟糕的情况，一上来就要求你花时间听他说？敢写出"我能耽误您15分钟时间吗？"这种句子的销售代表，大概也敢直接问你要50美元。现在问问自己，这些邮件中有多少你会回复？

发送数以千计的邮件或许能促成一两次销售，但就像干扰式广告对消费者的影响一样，干扰式邮件会激怒B2B买家，并最终让他们感到麻木。但如果你走到你的销售团队身边，看看他们正在发送的邮件，你或许会发现他们在发的邮件和通常被直接忽略的那些是一种类型。一定有更好的销售方式能够吸引客户的注意。

引起客户注意之后，也一定有更好的方法能留住他们。 如果玩数字游戏让一个销售代表得到了一次面谈机会，她一定会用PowerPoint或Keynote向客户进行演示。这类演讲毫无例外会充斥着对产品的修辞式介绍，以及以图表形式展示的数据，时不时还配上积极的图片和励志格言，一切都是为了证明她的论点。

演示结束后，行业惯例要求销售代表给客户留下一份资料，通常是被业内称为"客户留存"的印刷品。这份资料通常没有任何附加信息，只是演示的重复——再一次描述、称赞、支持企业和产品。你大概也猜得到，这种行为的失败率接近100%。省省纸吧。

欲望激发销售

除非人们有意或无意地感觉到他选择的行动是最佳决策，或者是唯一决策，否则没人会采取行动（更不用说花钱买东西了）。人们追随欲望的引导。

消费者会买什么？为了激发高价购买，推销辞令不仅要吸引买家的理性自我，更要同时吸引他的情感自我，让他"想要"。激发买家情感好奇的最佳方法，或许也是唯一的方法。就是讲一个故事，戏剧化地展现他为了获得想要的东西产生的斗争。

故事拯救

全新的销售世界需要用新的技巧应对，而故事的八个阶段为你提供了有针对性的战略。对于B2C销售人员来说，在走进客户家门之前了解客户对故事的需求是基本不可能的，但是讲故事的过程就是营造互动的过程。而在B2B销售领域，这八个阶段构建了三个关键的故事化时刻：（1）强大的"钩子"激发潜在客户的兴趣，得到面谈机会；（2）戏剧化故事弧光抓住对方注意力，让对方产生共鸣，在客户和你的产品或服务之间建立起情感连接；（3）引人入胜的故事高潮完成销售。

为了让这三个时刻奏效，你需要对故事的每个阶段进行深入研究。描绘行业面貌，确定主角、激励事件、欲望对象、行动和反馈。一旦背景故事在手，你就能得心应手地和客户建立沟通和联系。所以让我们一起来看看如何针对B2B销售来理解这八个阶段。

第一阶段：目标

一流的销售团队在打电话或发送电子邮件之前，会先进行市场调研。在故事驱动的策略中，这就是成为第一阶段。这一步让我们识别出目标受众、目标需求和目标行动。从行业历史开始，勾勒出动态变化的故事弧光，辨别出每次起伏，分析哪些做法让行业蓬勃发展，更重要的是，分析哪些问题让行业陷入低谷。因为销售成功的秘诀在于发现客户的特殊需求，而客户需求就藏在这些低谷期。目标行动当然是让客户购买你的产品或服务，以满足他们的需求。

例如，假设你的公司向医院和其他医疗服务商销售基于云计算的电子健康记录（EHR）平台。客户使用你的平台规范记录患者数据，确保所有实验和记录存档，和患者本人以及其他医疗机构共享信息，并确保数据安全。

潜在客户明白你的产品的优势，但是通过市场调研，你发现他们仍有一些困惑。

一方面，从纸质档案转换为电子文档会让医护人员对病患历史有更多了解，你的系统也有潜力降低治疗中产生的错误和疏忽。如果按设计进行操作，这一系统还能显著降低成本。

但另一方面，研究表明潜在客户对如此重大的改变顾虑重重。你的系统如何融入他们原本的医疗设施？医护人员需要接受哪些使用培训？如何确保信息的私密性和安全性？如果记录更易携带，患者是否会更频繁地向其他机构求诊？

现在你知道它的痛点在哪儿了。用结局上扬的故事回答这些问题，销售就达成了。

第二阶段：主题

第一步：核心价值

在常见的故事中，多个价值观通常合并融为一体。但是在目的导向的销售故事中，二元价值显然只有一个：成功/失败。这一核心价值的正负电荷控制着一切商业生活，从街角的干洗店到纽约、伦敦和北京的跨国企业无一例外。

成功/失败的子集对特定客户会产生特定吸引力，比如创新/模仿，效率/无效，风险/安全，领导者/追随者等等。但最终他们的核心都是企业能否成功。

在前面的EHR案例中，市场研究会发现，有两个重大法案改变了行业的格局：《2009年美国复苏与再投资法案》以及《患者保护与平价医疗法案》，后者通常被简称为ACA或"奥巴马医改计划"。

《美国复苏与再投资法案》是一项价值8310亿美元的经济刺激计划，旨在帮助美国经济从次贷危机引起的经济衰退中快速恢复。部分刺激措施搁浅，为医保计划让步，这反而让公共和私立医保机构有了使用EHR系统的动机。[3]那些直到2014年仍然没有采用EHR系统的机构会面临处罚，医疗补助和医保报销水平也随时间推移而下降。这时，你的潜在客户突然有了一个非常真实的理由，采用你的技术或者你的竞争对手的产品。

2010年奥马巴医改计划通过的时候，整个行业面临着新的转折点。国会预算办公室预估，2100万美国人将会受益于ACA而参加医疗保险，其中1200万人是新进入医保名册，另外900万人获得不同形式的联邦补贴[4]。

除了提高美国参保人的数量之外，ACA还开始改变医疗服务机构的奖励机制。之前，医疗机构会因为他们提供的化验和治疗服务得到补贴，这样造成的结果是医疗机构往往会为了补贴进行过度化验和治疗。自2018年开始，ACA开始将补偿金用于奖励成功结果。这会激励医疗服务机构采用正确的测试，提供最有可能产生正面结果的治疗。

从EHR的角度来看，这一改变意味着整个系统必须进行调整或者改变，更好地跟踪并记录结果，研究这一结果与采用的化验及治疗的相关性，从而提供更稳健的分析。在我们的例子中，让我们假设销售主管正处于未来两个法案都已经生效之后的时间点上。

第二步：主角

以目的为导向的销售故事主角是客户。如果你把产品或者企业作为主角，那是对时间和金钱的浪费。根据你对潜在客户全貌的大致了解，草拟主角的大致形象——一位理想情况下会同你面谈的客户。一旦你将目标瞄定了具体的公司和客户，回去继续研究，加深对他们的了解，直到你明白了主角面临的具体挑战是什么（即对抗力量）。

在我们的EHR例子中，目标客户是医疗机构的首席执行官以及/或者医院院长。医护人员很可能也会影响他们的决策。

第三步：背景设定

和所有伟大的故事创作者一样，你需要对潜在客户的世界了如指掌。瞄准细节：公司历史、在行业内的地位（领导者/挑战者/落后者）、竞争市场全貌、市场内部的权力结构（法规、消费者信心、主要供应商、主要分销商），该企业呈现给消费者的价值定位以及它呈现的方法及途径。请注意，在了解潜在客户的过程中，你应当根据新获得的信息反复审视核心价值、主角和背景设定的细节。

在我们的EHR例子中，销售代表注意到，除了上述提到的法案方面的变化之外，医疗机构一直在进行整合，以实现规模效益。医疗集团的合并让他们在业内取得专业优势。

第三阶段：激励事件

根据在两个阶段中收获的潜在客户名单，第三阶段提供的信息让你能够鉴别出潜在客户的优先顺序。

针对名单上的企业，不妨问问自己："这家公司目前的运营状况是否处于平衡中？企业所处的行业是否处于停滞期或转型期？如果是这样，它的弧光是怎样的？上升？衰退？这家企业本身在成长扩张、收缩规模还是保持稳定？"

如果潜在客户明显处于上升阶段或者衰落阶段，那么一定是近期发生的什么事情激发了这一改变。换句话说，某一激励事件撼动了公司的地位，扭转了它的命运，铸成了此时此刻的故事。

失去平衡的公司更愿意冒风险找回平衡甚至扭转颓势（意味着很可能购买你公司的创新产品）。因此，深入研究对方的激励事件是什么，如何发生的，具体是什么打破了公司的平衡。如果公司的激励事件引发负面改变，那么它正处于生死存亡的关键时刻。只要你的产品或服务能够帮他们扭转局势，他们就是强有力的潜在客户。

这并不是说正在经历正面价值改变（比如新资本注入或者赢得大客户之类）的公司遥不可及。触发正面价值改变的事件最终会带来一系列挑战。例如，重大创新（正面）或许意味着公司突然面临人手不足（负面）、库存短缺（负面）或者团队精疲力竭（负面）。业绩增长也可能带来负面影响，比如招不到优秀人才、栽培员工适应企业增长、平衡对已有产品和新产品的关注度、平衡当下的利润和对未来的投资等等。如果你的潜在客户正在享受成功的愉悦，提醒对方可能会面临的负面挫折，会引起他的好奇心。

接下来就是那些近期尚未经历激励事件，但是根据市场状况可能很快会遇到转折的企业。比如说，假如你的公司销售信息安全技术，那么你的潜在客户是那些没有遭遇黑客，却被业内视为黑客目标的金融公司。那些被黑客攻击过并且存活下来的公司深知其中风险，他们对最新的科技和程序的需求最高。而购买需求仅次于这类公司的就是那些即将面临变化的企业。我想再次强调，在评估这些企业的时候，要问一问即将发生的激励事件将会向哪个方向扭转公司的态势。

至于那些相对停滞并且在可预见的未来仍然如此的公司，把它们放在潜在客户名单最下面。他们最不可能倒闭，但可能会把时间和资源投入在他们更重视的其他领域。

现在重新排列潜在客户的先后次序。最好的策略是依据企业近期的激励事件进行排列。把高收益、高价值的潜在客户排在前面，低收益、低价值的机会排在最后。

> 1.刚经历了负面激励事件的公司。
>
> 2.刚经历了正面激励事件的公司。
>
> 3.即将面临负面激励事件的公司。
>
> 4.即将面临正面激励事件的公司。
>
> 5.没有正面或负面的预期改变，
>
> 　处于平衡阶段的公司。

回到我们刚刚的HER案例。在这个例子中，销售代表或许会优先考虑刚刚宣布完成一次收购的医疗机构。销售代表会意识到，刚刚合并的企业必须将二者的EHR平台合并在一起，这就制造了独特的时机，让对方企业考虑换到他的HER平台上。

此外，销售代表也会重点关注那些根据奥巴马医改计划对津贴的调整，开始从治疗导向转变为结果导向的企业。津贴的这一根本性的转变创造了独一无二的激励事件，令医院的业务失去平衡。在我们的案例中将着重讨论这个群体。

第四阶段：欲望对象

看一看每个潜在客户，确认你要联系的人——这就是你的主人公。根据让公司失衡的激励事件深入挖掘，确定主角的欲望对象。他供职的企业重点需求是什么？他认为怎样的事物（新产品）或状况（更大市场份额）能够让企业回到正轨？

从一场危机到另一场危机，从一个部门到另一个部门，公司欲望对象的准确属性往往如此不明确，就连高层管理人员也想不明白。但是，作为销售人员，你不清楚对方的欲望对象，就无法向前迈出一步。一旦你洞悉了问题的答案，就可以确定你的产品或服务将如何满足客户需求。

在我们的EHR例子中，医院首席执行官的欲望对象再清晰不过了：他想让医院在不损失任何利益的前提下转型进入结果导向的体系之中。

现在，在邮件的标题或者第一句话中点明你的潜在客户遇到的激励事件，以及随之产生的欲望对象。

> 邮件主题：依据结果导向补贴变革进行转型
>
> 亲爱的××（医院首席执行官姓名）：
>
> 从治疗导向到结果导向的变革即将发生，要求医院在运营方面做出重大改变。在竞争日益激烈的大环境中，能否成功完成转型决定了××医院在长远未来是成是败。作为变革的开始，您需要分析医院的化验和治疗产生的实际结果。

第五阶段：第一个行动

请注意，所有公司都毋庸置疑地尝试过适应激励事件，但是他们使用的策略显然没有奏效，否则他也不会读你的邮件。记得先研究客户采取过的措施，以及这些措施未见成效的原因。在这些信息的基础上搭建你的沟通框架，避免向对方推荐他们已经尝试过的解决方案，否则会产生巨大尴尬。依旧以EHR为例，你的邮件接下来可以这么写：

> 我知道贵公司2011年在本地安装了我们竞争对手的平台，同时您的IT部门在过去一年中一直致力于将平台更新至他们的最新版本。

第六阶段：第一个反馈

现在让我们假设客户获得欲望对象的第一个行动失败了，因为没有预见到的对抗因素阻碍了他的尝试。因此你的最后一项研究应该是发掘这些失败的尝试，以及挫败它们的力量。

反面力量来自哪里？源自现实的哪个层面？是自然灾害等物理力量吗？是竞争对手等社会力量吗？政府机构？技术革命？高管之间的争权夺利？高管自己的内部冲突？还是上述几个因素夹杂在一起？具体是什么让他没有得到欲望对象？是什么让他的事业跌入谷底？

写给医院首席执行官的邮件可以这样继续：

> 因为我们竞争对手的软件必须安装在本地服务器上，医院的每台电脑上都必须额外安装客户端，因此我意识到每次升级都要消耗大量时间。不巧，就在你的团队努力升级软件的这几个月，奥巴马医改已经改变了未来量化产出的方案。因此，等升级完成的时候，软件本身就过时了。

第七阶段：第二个行动

一旦了解了潜在客户到目前为止的经历，特别是企业为找回平衡付出的努力导致的反馈，销售代表就应当展开营救。在这个时刻，你将所有研究结果应用在向对方讲述的故事中，赢得面谈机会。

> 幸运的是，我们的EHR平台是基于云端的。一旦采
> 用我们的解决方案，贵司的IT团队无需升级服务器，也
> 无需逐一设置每个诊疗室和护士台的软件。此外，我们
> 的平台遵照不断改变的医疗法规政策进行调试，永远不
> 会过时。

此时，你已经展示了你对对方的故事的了解，包括让他的生活失衡的事件、他的欲望对象以及他此前的失败尝试。这会让对方等不及想听到你的解决方案。想想看，先发一封这样的邮件再提出登门拜访的请求，和直截了当地要求对方花时间听你介绍企业，哪个更容易让对方接受？

注意，你的故事应当用引人注目的方式展示你对对方的了解，包括指出关键的激励事件、由此造成的尚未被满足的需求以及企业当前面对的困境。随后指出你的产品或者服务将如何帮助企业一步步战胜挑战，取得成功。

要选择产品中那些能直接为客户带来正面改变的特定能力。如果你的产品具有多种功能，只强调那些和客户密切相关的方面。如果你复述产品能做的所有事情，听上去就像是自吹自擂，你会在客户面前失去信誉。留心那些发生在你的产品和潜在客户对手之间的故事。这些故事同样会损害你的可信度，因为你的客户会怀疑你究竟是站在哪一边的。

请记住，决定是否购买产品或者服务的不是公司，而是人。想要完成销售，请选择那些能够在情感上打动决策者的事件。

第八阶段：高潮反馈

一旦得到面谈许可，你就有机会重述一个相似的故事。这次，你可以以一个面临类似问题的客户为主角，讲述他如何用你的解决方案取得成功。以客户战胜面前的负面力量、获得欲望对象、一扭企业颓势的高潮作为故事结局。你的潜在客户会意识到，只要他做出购买决策，胜利的曙光就在前方。至此，销售故事迎来圆满结局。

第十三章 经济学

-Nomics

要想将营销从以广告为中心变革为以故事为中心，你需要得到公司高层的大力支持；要想引起高管团队的兴趣，你只需要告诉他们故事将会如何赚钱，并以数据作为支持。

证明故事的经济效应需要收集核心数据并进行分析。而分析的角度则取决于你的核心目标。你想用故事树立品牌差异化，和竞争对手拉开差距吗？还是扩大品牌知名度？建立品牌亲和度？给销售团队创造机会？锁定潜在消费者？还是以上都有？你的回答决定了你衡量成功的标准。但是归根结底，有一个指标是最基本的。

衡量品牌成功

终极因素是利润增长。如果企业能够和最广阔的潜在消费者建立积极关系，那么它就能够从产品和服务中获取最大利润空间。换言之，假设生产成本一致，产品也一致，更被消费者喜爱的品牌可以比竞争者定价更高，从而获得更高利润。

广告投放带来的受众覆盖率会扭曲品牌和观众之间的自然联系，所以要想知道你的故事对品牌亲和度的贡献，你需要关注三个关键指标：有机覆盖率、观众构成和参与度。

关键内容指标

谷歌公司的分析工具和奥多比公司的营销云能够采集关键内容及其覆盖指标。有了这些工具，就可以追踪有多少人访问了你的内容，他们花了多少时间消费这些内容，以及他们有没有把内容分享给他人。SEMrush或者SpyFu之类的平台侧重搜索引擎，TrackMaven和ONZU等平台侧重于社交媒体，这些工具可以帮助你比较品牌和竞争对手的表现。

利用SEMrush提供的公开数据，我们可以检验一下高露洁口腔护理中心的成功度。根据SEMrush提供的数据，每个月高露洁的潜在消费者共使用超过30万个关键词，搜索健康口腔习惯以及口腔健康威胁的相关信息，为高露洁的内容带来了270万次访问量。SEMrush推测，如果高露洁想通过谷歌的AdWords广告服务获得同样的访问量，成本将超过每年9300万美元。[1]高露洁口腔护理没有进行任何自我吹嘘或过度承诺，花费了极低成本，却因为对消费者需求的洞察和满足而收获了消费者的关注。

衡量市场成功

如果你的营销直接面向的是消费者（B2C），那么同样可以用上述三个标准来衡量成功：覆盖率（受众规模）、观众构成（真正观看了内容的受众）以及参与度（受众花在内容上的时间、重复观看的频率和在社交媒体的分享率）。你可以使用Skyword和Kapost[2]这样的内容营销平台或者谷歌数据分析和奥多比数据分析等分析平台来衡量上述数据。如果你的公司主要业务在线上完成，谷歌和奥多比也能根据你的需求分析销售转化率和用户转化率。

内容营销和分析平台能够将销售的成功追溯到某一特定话题、作者、投放渠道，甚至是某个具体故事。你可以根据这样的洞察重塑计划，让销量或其他目标达到最理想的状态。

以Overstock为例，这家企业分析了故事化营销的投资回报率，发现访问了他们的故事网站O.info的用户中，有70%都会接下来在销售网站overstock.com上进行消费。

事实上，被故事吸引到销售网站的访客消费的概率是其他来源访客的7倍，平均消费额也要比其他来源的顾客高35%。

当你根据销售结果来回溯品牌营销故事的时候，可以将故事、广告和其他营销投放的投资回报率进行比较。如果故事化品牌营销明显投资回报率更高，那么是时候把资源更多地转向故事了。

如果你在对企业（B2B）做营销，你可以将内容营销平台和一些营销自动化系统整合起来，比如Marketo、Eloqua、Pardot和Unica等都提供这种服务。这种整合可以帮助你辨别哪个故事创造了哪个销售线索以及这些线索如何使用和分享你的故事。再同Salesforce这样的销售自动化平台结合在一起，你就可以知道故事创造的销售线索带来了怎样的销售额。衡量线索的规模、质量、大小和成交率，就可以分辨出故事化营销激发的销售线索和其他渠道产生的销售线索。换言之，你将清楚地知道哪些话题、创意、媒介类型和渠道是有效的。

衡量销售成功

在第十二章中，我们提倡用故事来激发潜在销售，而不是"X个电话=Y次面谈=Z次销售"这种比率驱动的策略。后者在最不可能有产出的事情上浪费了销售代表的时间，还把最好的策略置之不顾。尽管数据分析不能帮你制定出对外策略，但是它可以有效地衡量收益是否理想。

若想衡量故事化策略产生的影响，你需要问自己下述问题：

销售电话vs面谈：我们的电话和邮件是否在一开始引起了潜在客户的兴趣？计算一下故事化邮件和电话的面谈转化率，你就能够找到答案。

初次面谈vs提案：我们的故事化资格制度转化成销售线索的能力如何？这要看初次面谈转化成销售提案的比例。

成交率：当团队向潜在客户进行面对面的营销时，他们的销售故事能否吸引对方？你可以依据提案和销量的比例得出成交率。

　　平均销售价格：最后一点是，我们故事化方法是否提高了平均销售价格？核心业务的价值是否提高了？增销是否达到最大化？想知道结果，只需要把之前和现在的平均销售价格进行对比，数字会给出答案。

　　Salesforce、微软Dynamics等销售自动平台或者SAP和甲骨文等企业提供的销售云服务都能够让你监测销售活动。InsightSquared 等商业智能分析能够提供直观的关键比率和趋势分析。这些系统也能够把每一位销售代表的表现和企业平均值进行比较评估，辨别出效率最高和最低的故事讲述者。

　　将营销和销售从以修辞为中心变革为以故事为中心需要首创精神、领导能力以及不断的投入。根据战略目标不断衡量各项指标才可能取得成功。当你看到企业取得渐进式进展的时候，你就可以充满信心地对故事进行长期投资了。

结论：明天

Conclusion: Tomorrow

    未来始于昨天。两个世纪的印刷广告建立了依靠广告生存的媒体模型，而这一模型同样为广播电视网络提供支持。到了20世纪90年代，商业广告的销售能力达到峰值，充斥着广告的广播电视达到饱和点。很快，广告进入了不可避免的缓慢衰退期。

    品牌故事的未来无疑会跟随相似的弧光。随着这项技术的成熟，资本的眼界和资源会强烈地向故事转变。借助这些新资源，讲故事的人会加速广告驱动模式的消亡，并启发媒体形式的创新，例如增强现实（AR）、虚拟现实（VR）和游戏等。这些想法会进一步激发我们现在还无法想象的全新技术，让更多人有更多时间消费故事化的知识和娱乐。如果处理得当，品牌故事不仅会成为商业回报的强健驱动力，更会给市场营销人员带来前所未见的机会。

即将来临的创意复兴

    当公司把花在广告上的6000亿美元大部分投入于持续输出品牌故

事的时候，会发生什么呢？首先，营销人员不再需要租用受众了。

在传统媒体的旧世界中，公司把预算中很少的一部分用于创作吸引人的广告，而把绝大部分投入于为这些广告购买发行渠道。久而久之，这种预算分配上的不平衡令媒介购买机构比创意机构规模大许多，虽然后者才是实际创作广告的机构。

而在新世界，有数千甚至数百万人分享他们喜爱的故事，于是这种平衡反转了：未来，故事驱动的营销人员把预算开支用于创作故事，而把越来越少的份额用于投放渠道。这为创意展望了美好的未来。

HBO的电视剧集《西部世界》（Westworld）第一季以及《权力的游戏》（Game of Thrones）第六季成本各为1亿美元，[1]而Netflix的电视剧集《皇冠》（The Crown）前十集超过1.3亿美元。实际上，Netflix在2016年的《纸牌屋》（House of Cards）、《女子监狱》（Orange Is the New Black）等原创电视剧预算总计高达60亿美元。[2]

这些数字一开始看起来很巨大，直到你发现同一年宝洁公司在广告上花费了97亿美元。[3]现在想象一下，如果宝洁公司这样的品牌在营销故事上投入HBO/Netflix同等水平的写作、表演、导演和制作能力，那么它产生的销售能力将会不可估量。

与品牌合作的创意人员需要把讲故事的手艺同他们的赞助人，即首席营销官保持一致。

他们创作的故事应当吸引、抓住，并且满足受众，但最终目标是可衡量的正面商业成果。创意人员需要了解营销人员的思维方式，而首席营销官要打破广告活动驱动的途径，用故事弧光的方式进行思考。

流媒体屏幕

电视的未来是APP。

——提姆·库克，苹果公司首席执行官

2015年9月9日，苹果公司首席执行官提姆·库克介绍了苹果电视的最新版本。苹果电视让消费者不仅能够通过苹果设备观看电视和电影，还可以观看Netfix、Hulu和HBO的节目。不管是等火车的时候、在椭圆机上锻炼身体的时候还是晚间放松的时候，消费者都能够随时随地通过苹果电视找到想要的故事。

如今，像黑石集团这样的财富规划公司如果想要在客户上班前与他们建立联系，他们会购买CNBC的《财经论坛》节目时间段，在节目中间休息的时候插入广告。假设黑石集团制作了一个高质量视频节目，直接面向消费者播报引人注目的即时商业新闻故事。

如果采用上述方式，黑石集团无需再用广告打断消费者，而是可以将个性化的资产组合跟踪和交易工具等产品整合到他们的节目中，为客户创造一站式解决方案。有了这样的产品，《黑石商业新闻》如同电影中的产品植入，而效果还会更加突出。

新新媒体

旧的新媒体只是把广播电视复制到了电子平台上；新新媒体则跃入虚拟现实和增强现实带来的伟大超越之中。虚拟现实电影制作人克里斯·米尔克称："我感兴趣的不是这种新奇感，而是这种媒介，它比电影、戏剧、文学和其他任何将人类相连的媒介都还要强大。[4]"

三星Gear、HTC VIVE和PlayStation VR出售的改变现实的设备令消费者成为虚拟现实视频游戏的主人公，或者成为虚拟现实纪录片的活跃观察者。在这两种情况下，技术都极大地增强了故事事件和受众体验。对于首席营销官而言，虚拟现实和增强现实会扩大市场到达率，进入之前无法抵达的消费者领域，用前所未见的故事设定对他们产生影响。实际上，正是这一媒介对营销人员、游戏玩家和其他追求高峰体验的受众产生的潜力促使Facebook以20亿美元收购了Oculus。

在高速公路上疾驰

特斯拉和奔驰投资无人驾驶汽车的原因很容易理解，但是为什么连谷歌和苹果公司也会加入其中呢？

根据美国人口普查，美国1.39亿工作者每天平均花费52分钟在通勤上。更直观一点来看这个数字，根据《华盛顿邮报》计算，2014年美国民众的通勤时间总计1.8万亿分钟，相当于296亿小时，12亿天或340万年。

因此，未来十年最强大的技术创新也不会改变故事体验，只会将开车时间转换为故事时间。今天的驾驶者可能喜欢在交通拥堵的时候收听播客，而未来，当自动驾驶汽车在效率最高的路线上疾驰的时候，驾驶者可能会收看他们最爱的Netflix剧集，或者富有创新意识的品牌出品的故事。

对于谷歌和苹果来说，自动驾驶汽车代表仅在美国就垄断了1.39亿消费者的日常交流。此外，这些新的地理定位的消费者在驶向潜在购物点的时候，可能会影响更多消费者。

无路可退

过去，电视机把客厅变成自己的殖民地之后，广播被迫撤退到汽车这唯一的阵地。而现在，永远在线、按需点播、没有广告的节目涌入我们的智能屏幕，再也不会回到广播电视的广告时代。那些怀念中插式广告的"美好时光"的高级管理人员对未来茫然无知。消费者只会越来越快地转向免广告的媒体。品牌必须快速跟上，向故事驱动模式转变，否则等待他们的只有死路一条。这种变革并不容易。

创造以故事为核心的战略需要敢于冒险、试错和持之以恒地付出，才能够收获成功。因此首席营销官面临着教育团队的严峻任务：关注文化变迁以及故事营销的需求、掌握故事设计的技巧、故事适合消费者思维方式的原因，以及目的型故事如何驱动消费。

也就是说，成功应用故事经济学的营销人员将拥有非同寻常的机会。你能够在收获商业回报的同时为这个渴求故事的世界增光添彩，而无需再在中插式广告上一掷千金。你能够用充满人性洞察的故事丰富听众的人生，而无需再对自己的产品自吹自播，承诺虚构的未来。你能够让品牌与目标受众建立密切联系，触动他们的心，让他们的生活更富有意义。

从多芬"真美行动"、Always"#像女孩一样"、阿里尔的"分担重负"[5]等作品中获取灵感，创作你深信不疑的故事吧。然后带着促进品牌好感度和社会变革的双重目的向受众讲述这个故事。

作为本书的读者，您将塑造品牌故事的未来。在麦基故事研修课程上，我们曾经给成千上万世界上最好的虚构作家提出了一个建议，在此，我们也想将这个建议谨呈给您：

写真话。

The End

附录

注释| Notes

引言：营销危机

（1）尽管这种趋势的部分原因可以归结于视频点播的便利性，但是免广告的Netflix占据了统治地位，一开始采取中插式广告的Hulu落入下风，清楚地表明消费者对广告模式的抗拒。

（2）丹尼斯·F.赫里克：《巨擘时代的媒体管理》（阿尔伯克基：新墨西哥大学出版社，2012）。

（3）观看"欧文怎么了：锤子篇"请访问：www.storynomics.com/resources/ge；观看苹果公司的"误会"请访问：www.storynomics.com/resources/applemisunderstood；观看奥多比公司的"点一下，宝贝，点一下！"请访问：www.storynomics.com/resources/adobe。

第一章 广告：成瘾的故事

（1）http://www.pbs.org/benfranklin/l3_wit_master.html.

（2）世界上第一个新闻广播节目是由BMK于1920年8月31日在密歇根州底特律播出的。一年后，1921年10月8日，第一个实时体育转播节目由KDKA在匹兹堡播出。当匹兹堡大学黑豹队击败西弗吉尼亚大学登山人队的时候（21：13），整座城市都在倾听。啤酒广告肯定不会放过这次机会。他们果然没有放过。

（3）http://adage.com/article/btob/assessing-dvrs-impact-tv-ads/263248.

（4）http://www.wsj.com/articles/cable-tv-shows-are-sped-up-to-squeeze-in-more-ads-

1424301320?mod=WSJ_hpp_MIDDLENexttoWhatsNewsThird.

（5）创立于2005年的YouTube利用宽带技术，实现了让任何人在任何地点发布视频的服务。到了2015年7月，每分钟有超过400小时视频被上传到YouTube上（http://www.reelseo.com/vidcon-2015-strategic-insights-tactical-advice）。每个月都有10亿人在观看YouTube视频，超过互联网用户的三分之一。YouTube报告称"每天用户观看的视频总计超过亿万小时，产生的点击率数以亿计"。和传统媒体做对比，YouTube手机端在18至34岁和35至49岁这两个年龄段的受众超过了美国任何一家电视台。（https://www.youtube.com/yt/press/statistics.html）

（6）营销人员发现在线上投放广告能够更有针对性，也更有效率。对于投放于电视节目的广告，观众中只有一部分是潜在消费者；而对于线上广告，营销人员可以基于社交信息和观看习惯更精准地进行有目的的投放，把广告预算花在刀刃上。

（7）https://www.emarketer.com/Article/US-Digital-Ad-Spending-Surpass-TV-this-Year/1014469.

（8）.https://www.wsj.com/articles/ad-spending-growth-to-slow-significantly-in-2017-1480914002.

（9）1999年，Netflix网站上线，消费者可以在线列出他们最爱的电影。但是此后的8年间，他们一直依靠美国邮政把这些影片的DVD寄送给客户。无论何时，消费者都喜欢在家观看无广告的电影和电视节目。到2007年,Netflix成为美国邮局最大的客户之一，向订购者寄出的DVD已经超过10亿次。（http://www.institutionalinvestor.com/article/3494635/banking-and-capital-markets-corporations/netflix-is-creating-a-cordless-nightmare-for-traditional-media.html#/.VmVgbeMrKRs）

（10）http://www.theverge.com/2017/1/18/14312826/netflix-earnings-q4-2016-7-million-new-subscribers.

（11）http://www.wsj.com/articles/netflixs-global-growth-faces-new-threats-1453026602.

（12）http://www.cnbc.com/2017/02/27/youtube-viewers-reportedly-watch-1-billion-hours-of-videos-a-day—us-tv-viewers-watch-125-billion-and-dropping.html.

（13）OTT服务指的是Netflix、Hulu、HBONOW等通过网络传输的视频订阅服务，无需购买传统有线电视产品包。

（14）https://arstechnica.com/business/2016/07/hbo-reports-record-viewership-netflix-

220

subscriber-additions-are-down.

（15）https://techcrunch.com/2017/03/02/spotify-50-million.

（16）https://www.recode.net/2017/6/5/15740956/apple-music-subscribers-new-27-million.

（17）http://fortune.com/2016/08/31/cbs-all-access-ad-free.

（18）http://news.wgbh.org/2016/01/26/local-news/print-dying-digital-no-savior-long-ugly-decline-newspaper-business-continues.

（19）http://redef.com/original/the-truth-and-distraction-of-us-cord-cutting.

（20）http://sqad.com/news/market-saturates-costs-begin-deflating-even-prime-time-not-immune.

（21）http://blogs.wsj.com/cmo/2015/07/20/u-s-tv-ad-spending-fell-in-second-quarter.

（22）https://www.nngroup.com/articles/banner-blindness-old-and-new-findings.

（23）http://www.mediapost.com/publications/article/196071/banner-blindness-60-cant-remember-the-last-disp.html.

第二章 市场：欺诈的故事

（1）这项研究衡量了广告对竞争产品的购买倾向的影响。在这项研究中，研究人员向对照组展示了五件产品，请他们选出想要免费得到的一件产品，并记录每件产品被选择的百分比。另一个测试组则在做出选择前先观看了其中某件产品的广告。实验表明，实验组选择广告产品的概率比对照组未观看广告选择该产品的概率高，也就是受到了广告的影响。1988年，观看了广告的老年人选择该产品的比率比没有观看广告的对照组高出13.8%。而在近期的一项研究中，老年人受广告影响的比率只高出6.4%。由于过去几十年信息流动的增长，广告的效用打了对折。当研究人员对千禧一代进行测试的时候，结果甚至更糟。广告对千禧一代的行为影响更小，选择广告产品的实验组比率只比自然选择的对照组高出4.6。（http://adage.com/article/media/things-advertising-millennials/232163）

（2）http://advanced-hindsight.com.

（3）丹·艾瑞里：《可预测的非理性：影响我们决策的隐藏力量》（纽约：哈珀柯林斯，2009）

（4）桃瑞丝·维伦斯：《没有人是完美的：比尔·伯恩巴克和广告黄金时代》（2010）kindle电子书180—182。

（5）安东尼奥·达马西奥称愉悦和痛苦是"有机体需要的杠杆，用于有效率地执行本能和后天习得的策略"。安东尼奥·达马西奥：《笛卡尔的谬误：情感、理性与人类大脑》（纽约：企鹅出版集团，2005）。

（6）www.storynomics.com/resources/paulbloom.

（7）保罗·布鲁姆：《愉悦的原理："喜欢"背后的新科学》（纽约：W.W.诺顿公司，2010）。

（8）www.storynomics.com/resources/paulbloom.

（9）http://www.caltech.edu/news/wine-study-shows-price-influences-perception-1374#sthash.NP9a0YLd.dpuf.

（10）http://news.harvard.edu/gazette/story/2008/12/pain-is-more-intense-when-inflicted-on-purpose.

（11）A promotion for ADT home security,February23,2016（http://www.adt.com/?ecid=desktop-promophone-var-011816）.

（12）http://www.wired.com/2014/08/4-kinds-of-bad-advertising-millennials-have-killed-off.

（13）http://www.emarketer.com/Article/Nearly-Two-Three-Millennials-Block-Ads/1013007.

第三章 故事的演化

（1）詹妮弗·埃德森·艾丝卡拉斯:《叙事过程：建立消费者与品牌的联系》,发表于《消费者心理杂志》总第14期，2004年第1—2期。

（2）http://humanorigins.si.edu/evidence/human-fossils.

（3）https://www.scientificamerican.com/article/how-has-human-brain-evolved.

（4）安东尼奥·达马西奥：《感知发生的一切：创造意识的身体与情感》（纽约：霍顿·米福林·哈考特，1999）。

（5）约翰·比克尔：《自我叙述概念的实验性证据》，收录于《叙述与意识：文学、心理学与大脑》，盖里·法尔曼、泰德·麦克维、欧文·弗拉纳根 编（纽约：牛津大学出版社，2003）。

（6）谢尔顿·所罗门、杰·格林伯格、汤姆·匹茨辛斯基：《果核的虫子：论死亡在生命中的作用》（纽约：兰登书屋，2015）。

（7）恩斯特·贝克尔：《拒绝死亡》（纽约：自由出版社，1973）。

（8）卫·M.巴斯：《演化心理学的新科学》，发表于《演化心理学：心智科学领域的新科学》（波士顿：培生出版集团，2008）。

（9）N·拉姆纳尼、A.M.欧文：《前额叶前部的功能：解剖学与神经影像洞察》，发表于《脑科学国家评论》总第五期，2004年第3期。

（10）达马西奥：《感知发生的一切》。

（11）H.C.刘、R.D.罗杰斯、N.拉姆纳尼、R.E.帕星汉姆：《有意的行为选择与关注》，发表于《神经影像》总第二十一期，2004年第4期。

（12）肯尼斯·伯克：《文学形式的哲学》（伯克利：加州大学出版社，1941）。

（13）阿尔温·I.高曼：《移情作用的两个途径：认知神经科学的洞察》，发表于《移情作用：哲学与心理学观点》，艾米·科普兰和皮特·戈尔迪 编（纽约：牛津大学出版社，2014）。

（14）纳伦德·拉姆纳尼、R.克里斯多夫·迈阿尔：《人类大脑预测他人行为的系统》，发表于《自然脑科学》总第7期，2004年第1期。

第五章 完整故事

（1）正如西蒙·巴伦-科恩和保罗·布鲁姆在他们论战性的著作《零度移情作用》（巴伦-科恩）和《反移情》（布鲁姆）中推论的，同感依据程度不同，范围包括同情、怜悯、慈悲到全心全意的认同。

（2）www.storynomics.com/resources/dove.

（3）丹尼尔·卡内曼、阿莫斯·特韦尔斯基（1979）：《前景理论：关于危机下人类决策的分析》,发表于《计量经济学杂志》总第47期，1979年第2期;巴里·施瓦茨：《选择悖论：为什么多即是少》（纽约：哈珀出版社，2004）。

第六章 目的导向型故事

（1）詹妮弗·爱迪生·艾斯卡拉斯、芭芭拉·B. 斯特恩：《同情与移情：戏剧型广告的情感反应》，发表于《消费者研究杂志》总第29期，2003年3月第4期。

（2）詹妮弗·爱迪生·艾斯卡拉斯：《想象使用产品的你：心理模拟、叙述输送与说服理论》，发表于《广告学杂志》总第33期，2004年夏第2期。

（3）N. 拉姆纳尼、A. M. 欧文：《前额叶前部的功能：解剖学与神经影像洞察》，发表于《脑科学国家评论》总第5期，2004年第3期。

（4）查尔斯·库柏：《如果苹果能够重新走入家庭，那么戴尔呢？》，CNET，2008年5月9日。

（5）http://adage.com/article/news/ten-years-dove-s-real-beauty-aging/291216.

（6）梅勒妮·C. 格林、提摩西·C. 布洛克：《公共叙事说服的输送功能》，发表于《人格与社会心理学杂志》总第79期，2000年第5期。

（7）詹妮弗·爱迪生·艾斯卡拉斯：《叙事过程：建立消费者与品牌的连接》，发表于《消费者心理学杂志》总第14期，2004年第1—2期。

（8）www.storynomics.com/resources/applegetamac.

（9）https://www.thelocal.es/20151216/fat-chance-everything-you-need-to-know-about-spains-christmas-lottery.

（10）http://time.com/4616441/el-gordo-spain-christmas-lottery-2016.

（11）http://www.foxnews.com/world/2016/12/22/winners-spains-el-gordo-2-4b-lottery-take-home-418k-each.html.

第七章 故事和首席营销官

（1）托马斯·格雷斯、罗伯特·麦基采访通用电气首席营销官林达·波夫，2016年2月17日于纽约洛克菲勒广场30号。

第八章 品牌故事化

（1）托马斯·格雷斯、罗伯特·麦基采访戴维斯品牌资本首席执行官帕特里克·戴维斯，2016年3月27日通过Skype。

（2）https://www.wsj.com/articles/epa-accuses-volkswagen-of-dodging-emissions-rules-1442595129.

（3）https://www.wsj.com/articles/volkswagen-ceo-winterkorn-resigns-1443007423.

（4）https://www.nytimes.com/2017/02/01/business/volkswagen-compensation-settlement-bosch-audi-porsche.html.

（5）https://www.nationalgeographic.org/thisday/apr20/deepwater-horizon-explodes.

（6）"深水地平线"原油泄露事件现场协调员报告，2011年9月送呈美国国家应急组。

（7）https://www.oilandgas360.com/bp-deepwater-horizon-lawsuit-settlement-receives-nal-approval.

（8）http://www.nytimes.com/2012/11/16/business/global/16iht-bp16.html.

（9）http://www.telegraph.co.uk/business/2016/07/14/bp-tallies-deep-water-horizon-bill-at-almost-62bn.

（10）https://www.forbes.com/sites/bertelschmitt/2017/01/30/its-official-volkswagen-worlds-largest-automaker-2016-or-maybe-toyota/#7ba0ba0276b0.

（11）https://www.forbes.com/2010/07/09/worlds-biggest-oil-companies-business-energy-big-oil_slide_7.html.

（12）2017爱德曼全球信任度调查报告。

（13）可口可乐大事记上缺了一年，那就是1904年，可口可乐从配方中去除了可卡因。可口可乐两个原始核心成分是可卡因和咖啡因。可卡因从古柯叶（coca）中提取，咖啡因从可乐果（kola）中提取，所以才得出了"可口可乐"这个名字。为了更朗朗上口，公司用"C"替代了可乐果中的"K"。

（14）www.storynomics.com/resources/dsm.

（15）www.storynomics.com/resources/always.

（16）http://news.pg.com/blog/likeagirl/SB49.

（17）2012年，联合国秘书长潘基文提出可持续发展方案联盟（SDSN），为了"动

225

员全球科学技术专家，推动可持续发展中的实际问题得以解决，包括设计并实行可持续发展目标"。为了指引努力方向，可持续发展方案联盟撰写了《全球幸福报告》，并在当年的联合国高峰会上发布。（http://unsdsn.org/about-us/vision-and-organization）

（18）J. 海利威尔、R. 莱亚德、J. 萨克斯：《2017全球年度幸福报告》（纽约：可持续发展解决方案联盟，2017）。

第九章 广告故事化

（1）托马斯·格雷斯、罗伯特·麦基采访通用电气首席营销官林达·波夫，2016年2月17日于纽约洛克菲勒广场30号。

（2）TheStreet.com和RealMoney.com的鲍勃·朗创造了"FANG"这个词，指代Facebook、亚马逊、Netflix和Google这四家2013年飞速发展的科技股，吉姆·克莱默让这个词传播开来。参见：http://www.cnbc.com/id/100436754fordetails。

（3）"Zazzies"显然是在戏谑Snapchat，在通用电气想要影响的学生群体中风靡的一款社交APP。

（4）http://punesunshine.blogspot.com/2017/04/ariel-indias-dadssharetheload-movement.html.

（5）https://www.gatesnotes.com/2016-Annual-Letter.

（6）https://www.nytimes.com/2015/08/24/opinion/why-arent-indias-women-working.html?_r=1.

（7）http://www.creamglobal.com/case-studies/latest/17798/37377/ariel-removes-the-stains-of-social-inequality.

（8）www.storynomics.com/resources/ariel.

（9）http://www.creamglobal.com/case-studies/latest/17798/37377/ariel-removes-the-stains-of-social-inequality.

（10）http://www.mediacom.com/en/article/index/?id=removing-the-stains-of-social-inequality.

（11）https://www.bloomberg.com/news/articles/2017-05-05/fed-up-advertisers-stop-paying-more-for-declining-tv-audiences.

第十章 需求故事化与消费勘察

（1）https://www.wsj.com/articles/average-tenure-among-chief-marketing-ocers-slips-1456958118.

（2）http://www.pewresearch.org/fact-tank/2014/01/09/who-is-this-man-many-americans-dont-recognize-top-news-anchor.

（3）http://www.colgate.com/en/us/oc/oral-health.

（4）全面评估企业，请参见contentmarketingcontinuum.com。

（5）比如2014年，Facebook大量减少了免费推广，开始为它的到达率向企业收取费用。参见http://adage.com/article/digital/brands-organic-facebook-reach-crashed-october/292004。

（6）http://www.colgate.com/en/us/oc/oral-health.

（7）很多技巧可以用于搜索引擎优化（SEO）内容，包括改变内容的文本，给内容贴合适的标签，增加其他相关的元数据等等。

（8）采访IBM安全事业部副总裁卡莱布·巴罗，2016年3月11日于马萨诸塞州剑桥市。

（9）《广告时代》*Ad Age*（http://adage.com/article/btob/ad-age-names-btob-award-winners-2016/302 280）和MITX（http://www.skyword.com/contentstandard/news/ibm-security-wins-mitx-award-for-best-b2b-marketing-website）都向IBM SecurityIntelligence授予荣誉。

（10）为公开透明起见，IBM安全服务是合著者托马斯·格雷斯的企业Skyword的客户。

（11）www.storynomics.com/resources/adobe.

（12）www.storynomics.com/resources/nationwide.

（13）http://www.usatoday.com/story/money/2015/02/02/nationwide-insurance-super-bowl-commercial/22734895.

（14）采访美世全球首席营销官詹妮·马伦，2017年7月10日。

（15）https://mercer-digital.com/insights.html.

（16）http://mashable.com/2014/11/06/love-boat-princess-cruises.

（17）同上。

（18）http://www.coca-colacompany.com/our-company/coca-cola-marketing-tops-4-billion-tripodi-says.

第十一章　建立受众群体

（1）http://www.nytimes.com/2015/11/03/business/media/pandora-to-stream-serial-podcast.html.

（2）万维网联盟（W3C）与万维网基金会2016年5月27日数据。

（3）WC3（http://www.internetlivestats.com）.

（4）http://searchengineland.com/google-worlds-most-popular-search-engine-148089.

（5）https://moz.com/blog/google-organic-click-through-rates-in-2014.

（6）http://www.emarketer.com/Article/Google-Will-Take-55-of-Search-Ad-Dollars-Globally-2015/1012294.

（7）搜索广告也被称为搜索引擎营销，或SEM。

（8）http://searchengineland.com/new-york-times-exposes-j-c-penney-link-scheme-that-causes-plummeting-rankings-in-google-64529.

（9）Moz博客（https://moz.com/blog/google-algorithm-cheat-sheet-panda-penguin-humming bird）。

（10）Facebook,June21,2013（https://www.facebook.com/FacebookSingapore/posts/563468333703369）.

（11）http://techcrunch.com/2016/01/27/facebook-earnings-q4-2015/f.

（12）https://social.ogilvy.com/facebook-zero-considering-life-after-the-demise-of-organic-reach.

（13）埃里克·阿姆奎斯特、肯尼斯·J.罗伯特斯：《"注意力占有率"宣言》。（http://membersonly.amamember.org/sales/pdf/1-Rethinking.pdf）:13.

（14）https://www.forbes.com/sites/kylewong/2014/09/10/the-explosive-growth-of-influencer-marketing-and-what-it-means-for-you/#1edd522552ac.

（15）https://www.nytimes.com/2016/08/30/business/media/instagram-ads-marketing-kardashian.html?_r=0.

（16）http://www.marketwatch.com/story/do-celebrity-endorsements-work-1300481444531.

（17）肯达尔·詹娜在Twitter上宣传弗莱音乐节赚了25万美元（https://news.vice. com/story /fyre-fest-organizers-blew-all-their-money-months-early-on-models-planes-and-yachts）。然而音乐节没有如承诺那样提供奢华住宿、饮食或娱乐，让远道而来的旅行者无所适从。（https://www.nytimes.com/2017/04/28/arts/music/fyre-festival-ja-rule-bahamas.html）

（18）WOMMA，"口碑的投资回报"，2013年11月WOMMA，"Return on Word of Mou th," November2013（https://womma.org/wp-content/uploads/2015/09/STUDY-WOMMA-Return-on-WOM-Executive-Summary.pdf）。

（19）www.storynomics.com/resources/mastercard.

（20）托马斯·格雷斯、罗伯特·麦基采访拉贾·拉加曼纳，2016年2月2日于纽约万事达卡总部。

（21）http://www.janrain.com/about/newsroom/press-releases/online-consumers-fed-up-with-irrelevant-content-on-favorite-websites-according-to-janrain-study.

（22）Neolane和直接营销协会，"实时营销洞察研究"， 2013年7月 。

（23）Skyword个性化呈现多品牌表现结果，2017年2月。

（24）http://traveler.marriott.com.

（25）TrueView是YouTube提供的前贴片广告产品。

（26）托马斯·格雷斯、罗伯特·麦基采访大卫·比比，2016年12月16日。

第十二章 销售故事化

（1）2011—2015销售优化表现调查，CSOInsights.com, MHI Global子公司。

（2）2015销售优化表现调查，CSOInsights.com, MHI Global子公司。

（3）https://www.usfhealthonline.com/resources/healthcare/electronic-medical-records-mandate.

（4）https://www.cbo.gov/sites/default/files/recurringdata/51298-2017-01-healthinsurance.pdf.

第十三章 经济学

（1）https://www.semrush.com/info/colgate.com+（by+organic）.

（2）披露：本书合著者托马斯·格雷斯是Skyword的创始人及首席执行官。

结论：明天

（1）http://www.independent.co.uk/arts-entertainment/tv/news/game-of-thrones-season-6-hbo-spends-over-10m-on-each-episode-a6959651.html.

（2）http://www.cinemablend.com/television/Insane-Amount-Money-Netflix-Spend-Content-2016-112117.html.

（3）http://adage.com/article/cmo-strategy/pg-hiking-ad-spend/303731.

（4）https://www.theguardian.com/technology/2015/jan/29/virtual-reality-documentary-middle-man-journalism-chris-milk-film.

（5）www.storynomics.com/resources/ariel.

·

索引 | Index

A

B

H

I

J

K

L

M

N

P

R

T

罗伯特·麦基 Robert McKee

1941年1月30日生于美国底特律，剧作家、编剧教练。因连续剧《起诉公民凯恩》获得英国电影和电视艺术学院奖（BAFTA）。1981年，麦基受美国南加州大学邀请，开办"故事"培训课程，随后创办全球写作培训机构，学员超过10万名。其中，60人获奥斯卡金像奖，200人获美国电视艾美奖，100人获美国编剧工会奖，50人获美国导演协会奖。

作为项目顾问，麦基受聘于华纳兄弟、20世纪福克斯、索尼、CBS、MTV等影视公司，皮克斯动画工作室、迪士尼、派拉蒙、BBC、MNET也定期输送创意写作团队参与"故事"培训。邀请麦基开讲的机构还包括麦肯锡、微软、NIKE、密歇根大学商学院、富国银行、BOLDT建筑事务所及美国NASA休斯顿总部等。

著有《故事：材质、结构、风格和银幕剧作的原理》《对白：文字、舞台、银幕的言语行为艺术》，其《故事》被誉为编剧圣经。2017年2月，麦基在洛杉矶派拉蒙剧院获得Final Draft颁发的名人堂终身成就奖。

托马斯·格雷斯 Thomas Gerace

1970年12月21日生于美国匹兹堡，内容营销专家。1993年毕业于哈佛大学社会研究专业，是哈佛商学院首批研究互联网的高级分析师。1996年创办Be Free并发明两项专利，为电脑用户画像以精准投放商业广告，合作客户有微软、戴尔、eBay、时代华纳、美国在线、巴诺书店等，获得两亿美元融资，并在美国和欧洲同时展开业务。

罗伯特·麦基中文官方微信

故事经济学

产品经理｜陈　曦　　　　装帧设计｜陈　章
产品助理｜张哲玮　　　　营销推广｜李慧颖
技术编辑｜顾逸飞　　　　特约印制｜刘　淼
　　　　　　　　　　　　策 划 人｜路金波

图书在版编目（CIP）数据

故事经济学/（美）罗伯特·麦基，（美）托马斯·格雷斯著；陶曚译. -- 天津：天津人民出版社，2018.5
书名原文：STORYNOMICS: Story-Driven Marketing in the Post-Advertising World
ISBN 978-7-201-13515-1

Ⅰ. ①故… Ⅱ. ①罗… ②托… ③陶… Ⅲ. ①经济学—通俗读物 Ⅳ. ①F0-49

中国版本图书馆CIP数据核字(2018)第086993号

著作权合同登记号：图字02-2018-128号

STORYNOMICS: Story-Driven Marketing in the Post-Advertising World
By Robert McKee and Tom Gerace
Published by arrangement with McKim Imprint LLC
Simplified Chinese translation copyright © 2018
By Hangzhou Guomai Culture & Media co.,Ltd.

故事经济学

GUSHI JINGJIXUE

出　　版	天津人民出版社
出 版 人	黄　沛
地　　址	天津市和平区西康路35号康岳大厦
邮政编码	300051
邮购电话	022-23332469
网　　址	http://www.tjrmcbs.com
电子信箱	tjrmcbs@126.com

责任编辑	张　璐
产品经理	陈　曦
产品助理	张哲玮
装帧设计	陈　章

制版印刷	北京旭丰源印刷技术有限公司
经　　销	新华书店
发　　行	果麦文化传媒股份有限公司
开　　本	710×960毫米　1/32
印　　张	8.25
字　　数	128千字
印　　数	1-24,000
版次印次	2018年5月第1版　2018年5月第1次印刷
定　　价	68.00元

版权所有 侵权必究
图书如出现印装质量问题，请致电联系调换（021-64386496）